青春期男孩成长指南

送给青春期男孩的身体、心理成长枕边书

北京大学医学心理学硕士
青 少 年 性 教 育 专 家
白璐 | 著

中国妇女出版社

图书在版编目（CIP）数据

青春期男孩成长指南 / 白璐著. -- 北京 ：中国妇女出版社，2022.5(2024.11重印)
ISBN 978-7-5127-2099-2

Ⅰ.①青… Ⅱ.①白… Ⅲ.①男性－青春期－健康教育－指南 Ⅳ.①G479-62

中国版本图书馆CIP数据核字（2022）第007988号

策划编辑：王海峰
责任编辑：王海峰
责任印制：李志国

出版发行：中国妇女出版社
地　　址：北京市东城区史家胡同甲24号　　邮政编码：100010
电　　话：（010）65133160（发行部）　　65133161（邮购）
邮　　箱：zgfncbs@womenbooks.cn
法律顾问：北京市道可特律师事务所
经　　销：各地新华书店
印　　刷：北京通州皇家印刷厂

开　　本：145mm×210mm　1/32
印　　张：7
字　　数：140千字
版　　次：2022年5月第1版　　2024年11月第3次印刷
定　　价：49.80元

序　言

写给青春期男孩的悄悄话

打开这本书的你，也许已经步入青春期，也许还没有，但你一定希望或者有必要提前了解一下自己正在经历或即将经历什么。也许，你是出于好奇想看看这本书。也许，你的父母觉得你有必要读一下这本书，于是将它放在了你的书桌上。无论如何，我都很开心——你能够打开这本书，这样我才有机会和你谈一谈青春期的孩子都会经历的那些事情。我很愿意把我目前所了解的知识分享给你。

这本书也许不能解决你所有的问题，但会让你对自己、对自己正在经历或即将经历的这个特殊时期有更多的了解。比如，读完这本书，你会知道你为什么越来越关注以前从未关注过的事情，你为什么越来越在意你的朋友、同学，你为什么会和长辈发生越来越多的争执，你为什么常常觉得自己的情绪很难控制，等等。当你了解了这些，我相信，你会找到更适合的方法来解决自己遇到的各种问题！

青春期的到来到底意味着什么？我和许多与你同龄的人讨论过这个问题，他们中的很多人告诉我："青春期意味着叛逆、麻烦，我不喜欢青春期。"然而，我想告诉你的是，所谓的"叛逆""麻烦"，只不过是我们在不了解青春期的前提下给它贴的标签，并不是它本来的面貌。你如果问我青春期意味着什么，那我会告诉你，青春期是每个人都会经历的且不可复刻的最美好的人生阶段。从这个阶段开始，你对自己所经历的一切都将产生更多的思考、更多的感悟，将开始拥有意义非凡的朋友，开始感受轰轰烈烈的爱在心里激荡，开始变得自信、成熟，开始慢慢获得对于自己人生的掌控权，开始思考未来想过怎样的生活……

当然，在这个过程中你会遇到很多挑战和困境。一切来得太快，无论是你的家长、老师、同学，还是你自己，也许都没有做好准备去迎接发生在你身上的巨大变化。你对于自己身上到底发生了什么充满困惑。你觉得自己似乎能看懂同学，却没办法读懂自己。我希望这本书能够帮你了解自己，了解自己正在或即将经历的青春期。

在这本书中，你将了解你在青春期会出现怎样的生理、心理变化，在自我发展和人际关系方面可能面临的挑战以及可能的解决方式，如何理解和接纳自己的性感受并用合适的方式去体验它，如何避免各种风险以保护自己，等等。

最后，我祝愿你拥有属于自己的精彩的青春期。

对于这本书，我希望它能成为你的朋友，我相信它能给你提供温暖的支持！

白璐

2022年5月

目 录

第一章

青春期男孩身体变化和卫生保健

第二章 青春期男孩心理变化及应对措施

第三章 青春期的性别表达与社会压力

第四章 青春期爱的感受和关系的建立

第五章

青春期关于性的感受和合理应对

第六章 青春期性安全与自我保护指南

第一章

青春期男孩身体变化和卫生保健

什么是青春期

青春期是人体生长发育第二高峰期，指由儿童逐渐发育为成年人的过渡期。通俗来讲，青春期指的是人体第二性征发育后身体出现明显变化的阶段。调查数据显示，女孩进入青春期的平均年龄是10岁或11岁，男孩一般晚1年半到2年，也就是进入青春期的年龄是12岁或13岁。这就是你在小学高年级阶段会发现很多女生比你高的原因。

那青春期什么时候结束呢？一般在18周岁。到了18周岁，你就是法定的成年人了。当然，这时你的身体发育并没有完全结束，尤其是大脑的发育大概要到你25岁甚至更晚才会发育完全。

在青春期，我们的身体变化最大、最快的阶段往往是前4年。在这4年，你会发现你的身高、体重长得特别快，你的声音会发生很大的变化，你会慢慢长出胡须，你的生殖器官也会进一步发育。当你出现首次遗精之后，一切似乎又都变慢了。对于男孩来讲，遗精是一个重要的信号。遗精的出现证明你的身体已经发育得差不多了。此后，你的身体还会继续发育，只是发育速度会明显变慢。上面所说的快速发育的这4年，我们从专业的角度把它称为青春发育期或青春早期。

所以，千万不要认为自己遗精了才说明自己进入了青春期。实际上，你经历首次遗精的时候，说明你进入青春期大概4年时间了。你可以通过一些信号来确定自己是否进入青春期，相关内容我在后面关于青春期身体、心理变化的章节会详细阐释。

看到这里，你可能会有这样的困惑，如果一个男孩到了12岁或13岁还没有进入青春期，是不是不正常？或者，相较别人更早或更晚进入青春期，是不是有问题？

其实，我在这里说到的年龄节点都是统计学上的平均数字，具体到每个人身上肯定会有明显的个体差异。青春期开始得早一些、晚一些，一般并没有什么问题，因为什么时候进入青春期并不是单由年龄决定的，而是很多因素共同作用的结果。比如，如果你的父母进入青春期的时间相对较早，你通常也会较早进入青春期。另外，你的饮食、锻炼习惯，你所生活的环境，都可能对你进入青春期的时间产生或多或少的影响。其中，最具决定意义的因素是身高、体重的发育情况。身高、体重发育更快的人往往会更早进入青春期，所以如果你比大多数同龄人都高一些、重一些，那你很有可能比他们更早进入青春期。

目前，在世界范围内，青春期开始的时间普遍提前，这和现在的物质条件越来越好不无关系。现在的孩子更容易长高、长胖，所以很可能提前进入青春期。

那一个个体的身高、体重是如何引发青春期发育的呢？大脑起了非常重要的作用。当一个个体的身高、体重发育到一定程度，大脑会作出判断：嗯，这个人的身体已经成长到可以进入青春发育期了！这个时候，大脑皮层就会向脑垂体发出信号，指挥男、女生殖腺（睾丸或卵巢）产生并分泌性激素。

性激素会引发第二性征的发育，并且会进一步促进大脑的快速发育和心理、情绪的变化。这方面的内容，我在后面会详细讲解。

我特别想强调的一点是，青春期是我们每个人或早或晚都会经历的时期，不要因为自己早或晚于大多数人进入青春期而自卑或觉得自己不正常，也不要因为有些人较早或较晚进入青春期而嘲笑他们。正常地看待每个人身体发育上的差异，是非常重要的。

如果你真的觉得自己进入青春期太早，或是因为迟迟没有第二性征的出现而感到担心，可以和家长聊一聊，必要的时候可以让家长带你去正规医院进行检查。的确有非常少的一部分人会出现发育上的问题。发育上的问题一般都是由疾病引起的。比如，长在脑部的肿瘤会刺激大脑过早发出指示信号，从而让性腺过早分泌性激素；性腺肿瘤会导致激素分泌问题；生殖器官本身存在异常；等等。当然，这都是比较罕见的，而且家长通常都能观察到这些情况。

如果你身边的同学已经开始发育，而你迟迟没有“动静”，一般可以考虑在家长的带领下到医院进行相关检查，以确定是否存在发育上的问题。

要强调的是，如果你想进行与发育相关的检查，一定要请家长带你去正规医院，因为一些非正规的医疗机构可能发生误诊或非必要的过度诊疗。在公立医院，一般可避免这样的情况出现。

男孩在青春期会出现哪些身体变化

在了解青春期生理变化之前，我们有必要先了解一下男性的生殖系统。

男性的生殖系统由外生殖器官和内生殖器官组成。

男性外生殖器官主要包括阴茎和阴囊。

男性内生殖器官主要包括睾丸、附睾、输精管、射精管、前列腺、精囊腺和尿道球腺。

男性内、外生殖器官的作用分别是什么呢?

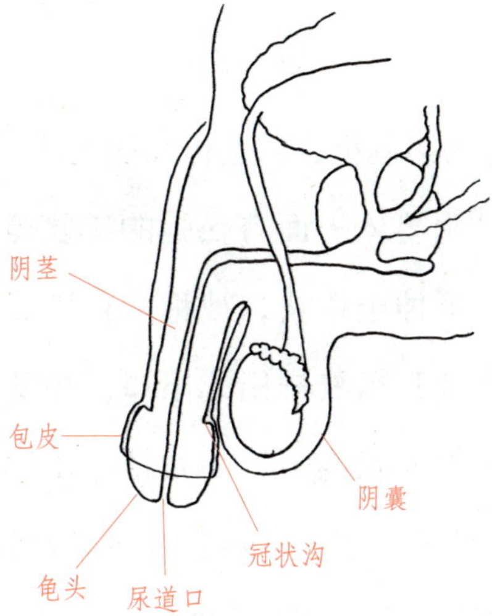

男性外生殖器结构图

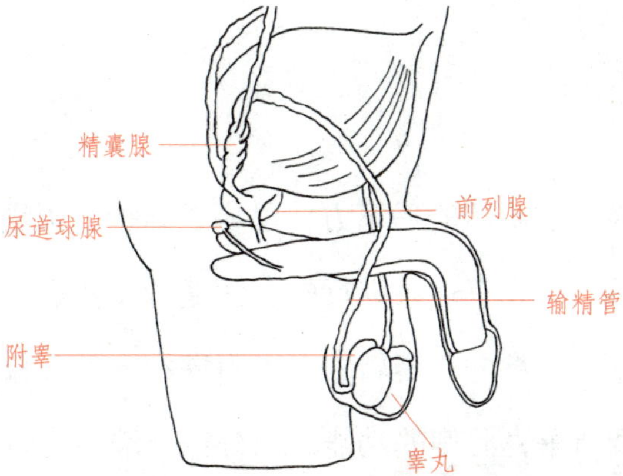

男性内生殖器结构图

阴茎

阴茎可分为阴茎根、阴茎体和阴茎头（通常称为龟头）三部分。阴茎体表面有松弛的皮肤覆盖，这部分皮肤组织一直延伸至龟头，被称为包皮。龟头前端的尿道口，是尿液和精液排出的出口。龟头下方一圈狭窄的部位，叫作冠状沟，容易残留分泌物，是清洁时要重点注意的地方。阴茎体主要由海绵体组成。当阴茎海绵体由于充血增大，阴茎会增粗、变硬，此种现象被称为勃起。

阴囊

阴囊位于阴茎的后下方，呈囊袋结构。阴囊的皮肤颜色较深，中间有一条纵行的阴囊缝，将阴囊分为左、右两部分。阴囊内包裹着睾丸、附睾和一部分输精管。阴囊有调节睾丸温度的功能。当外部环境温度较低时，阴囊会收缩，从而让睾丸靠近身体，保持一定的温度；

当外部环境温度较高时，阴囊会舒张，从而使睾丸远离身体，以降低睾丸温度。

睾丸

睾丸位于阴囊内，左右各一，呈卵圆形。进入青春期后，睾丸会分泌雄激素，产生精子。

附睾

附睾位于睾丸上方，左右各一，是睾丸的延续部分。睾丸内产生的精子会进入附睾，并在这里逐渐成熟。

输精管

输精管连接着附睾，主要作用是向外运输附睾内成熟的精子。

射精管

射精管可以说是输精管的末端，长约2厘米，主要作用是促使精液排出体外。

前列腺

前列腺位于膀胱的正下方，形状很像栗子，上端宽大，下端尖细。前列腺分泌的前列腺液是精液的一部分。

精囊腺

精囊腺位于膀胱底部，左右各一，外形很像手指。精囊腺分泌的精囊液是精液的一部分。

尿道球腺

尿道球腺位于尿道球后上方，左右各一，是一对豌豆大小的腺体。尿道球腺分泌的液体是精液的一部分。

到了青春期，你能够看到自己或身边已发育的男生的身体出现明显的变化。这便是第二性征的发育，具体的表现包括：

1. 肌肉增强。

2. 肩膀变宽。

3. 长出喉结。

4. 开始变声。

5. 阴茎变长、变粗。

6. 阴囊皮肤变薄、起皱，颜色变深。

7. 慢慢长出胡须。

8. 慢慢长出腋毛、阴毛、腿毛。

随着第二性征的慢慢出现，青春期的男孩会出现首次遗精，并且此后会反复出现遗精的现象。

与此同时，男孩的内、外生殖器官也会进一步发育，具体包括：

1. 睾丸快速生长，离腹部更远。

2. 其他内生殖器官逐渐发育成熟。

另外，在青春期，男孩的身体机能也会全面提升，具体包括：

1. 身高快速增长。

2. 体重明显增加。

3. 心脏心肌变厚、供血能力增强。

4. 肺部进一步发育，肺活量明显增加。

5. 运动能力明显提高。

6. 大脑快速发育，学习、认知、记忆等各方面能力显著增强。

遗精及卫生保健

什么是遗精

遗精是指男性在无性行为或自慰的情况下发生的精液通过阴茎射出体外的生理现象。

初次遗精指的是男孩的第一次遗精，大概发生在男孩进入青春期3年半或4年后，一般发生在12～18岁，大多发生在14～16岁。初次遗精的出现意味着男孩已经基本达到性成熟。

下面，我们具体了解一下这个过程是如何发生的。

男孩进入青春期后，在激素的作用下，睾丸开始产生精子。之后精子会进入附睾并在这里慢慢成熟。

精子是精液的主要成分。此外，精液还包括前列腺、精囊腺和尿道球腺等分泌的液体。

精液在体内积存过多，在没有性行为或自慰的情况下，便会通过阴茎上的尿道口排出体外，这种现象被称为遗精。

很多时候，遗精是在睡梦中发生的，此种情况被称为梦遗。

遗精是非常自然的现象。有性行为和自慰行为的成年男性由于在这两种行为中都有精液排出，所以遗精的次数相对较少。

和女孩开始来月经一样，男孩开始遗精意味着具有了生殖能力。也就是说，这时男孩如果与已来月经的女孩发生无保护的性行为，女孩有可能会怀孕。

什么是精子

精子的体积很小，我们通过显微镜才能看到。精子的形状很像小蝌蚪。精子产生于睾丸，之后会进入附睾慢慢发育成熟。

精液由精子和精浆组成。精浆的主要成分是水，另外含有少量的蛋白质、糖分、无机盐等。

男性每次射出体外的精液大约为2～6毫升。

刚射出的精液多为灰白色，也可能是淡黄色、淡灰色，呈黏稠状。经过一段时间后，精液会变成半透明的液体，这个过程叫作精液液化。

与月经不同的是，遗精并没有周期性，或者说没有一定的规律。每个人遗精的时间、次数和频率都可能不同，所以不要因为偶尔发生的遗精现象而背负巨大的压力。

遗精之后如何做好卫生保健工作

遗精的发生没有规律可言，很多时候发生在夜间睡梦中，所以我们无法提前采取防护性卫生措施。一旦在晨起或任何时候发现自己遗精了，一定要做好清洁工作。如果任由精液存留在阴茎和内裤上，不但会导致异味和不适，还有引发感染的风险。

在清洁被精液弄脏的内裤、床单时，不要用热水。精液中含有少量蛋白质。蛋白质遇热之后会变性，用热水很难清洗。用冷水加肥皂反而很容易清洗掉残留的精液。将内裤洗干净后，要将其挂在阳光下晾晒。

另外，遗精后要马上对生殖器官，尤其是阴茎进行清洁，避免精液残留于此。即使没有发生遗精，在日常生活中也要做好生殖器官的清洁工作。进入青春期后，由于分泌物增多，定时的清洁工作是非常重要的，最好一天清洁一次。

那么，在清洁阴茎时需要注意什么呢？我们一起来看一下。

原则一：清洁外生殖器官时要用温水、流水

清洁外生殖器官时尽量不要用盆浴，否则可能导致肛门部位的细菌跑到尿道口周围，继而通过尿道口进入体内引发感染。所以在清洁的时候，我们要尽量选择淋浴的方式清洗。同时，要注意清洁顺序，先清洗阴茎、阴囊，后清洗肛门及周围。

原则二：尽量不使用肥皂、沐浴露等清洁外生殖器官

用温水和流水完全能够将外生殖器官清洗干净，

没有必要用其他清洁用品。如果想使用清洁用品，尽量避开龟头部位，因为用清洁用品清洗龟头部位容易引发不适感。当然，如果你使用清洁用品后没有引起任何不适，也没有问题。

原则三：注意清洗力度

阴茎、阴囊相对比较脆弱，如果用力抓或挠，容易使其受伤，影响身体健康。所以在清洁的时候，一定要注意清洗的力度，用手指肚轻轻揉搓即可。

原则四：要十分注意包皮的清洗工作

包皮包裹龟头处及冠状沟最容易藏污纳垢。在进行清洗时，一定要将包皮轻轻翻开，将龟头露出，然后将整个龟头清洗干净，尤其要将龟头下部的冠状沟清洗干净。

如果不注意龟头及冠状沟的清洁，有可能引发感染。当包皮和龟头粘在一块时，甚至可能造成炎症，导致疼痛。

原则五：日常要保证外生殖器官的干燥

日常生活中，我们一定要保证外生殖器官的干燥，每次洗完后要擦干（最好准备一条专用的毛巾）或者晾干，然后换上清洁、干燥的内裤。换下的内裤，我们要及时清洗，并且要及时晾晒。最好在阳光下晾晒内裤，阳光有很好的除菌、杀菌作用。

阴茎的勃起与射精

男孩进入青春发育期后，阴茎和睾丸开始慢慢发育，阴茎经常出现明显的勃起现象。

阴茎勃起是指阴茎变硬、变长的生理现象。一般来讲，男孩从出生开始，终其一生都会有阴茎勃起的现象。在青春期，男孩的阴茎勃起现象可能非常频繁。当男孩产生性感受时，阴茎会勃起。男孩受到惊吓、有压力、情绪波动的时候，阴茎也可能会勃起。与裤子等产生摩擦时，阴茎也可能会勃起。有时，阴茎也会出现没有任何原因的自主勃起。这都是正常的现象。

一般来讲，勃起是射精的必要条件。也就是说，无论是遗精，还是自慰、性行为时的射精，都必须在阴茎勃起的状态下才能发生，但是勃起并不意味着一定会出现遗精或射精。很多时候，阴茎勃起后会自主消退。

不要因为阴茎的频繁勃起而担忧

你有过这样的尴尬吗？在上课或者自由活动的时候，突然发现自己的阴茎勃起了。这时，你很怕别人发现，担心别人认为你产生了“不好的想法”。事实上，你确实没有想任何和性有关的事情。

其实，就像我在前面提到的一样，造成阴茎勃起的因素有很多。很多时候，阴茎的勃起和性是没有关系的。在青春期，由于性激素的大量分泌，你很有可能在没有任何主观意愿的情况下出现阴茎的自主勃起。这时，如果有人给你出主意：“你不要想乱七八糟的就没事啦！”“你不要总看美女的图片！”这可能会让你产生很大的压力，让你羞于面对自己阴茎的勃起。

你要记住，阴茎勃起是男性身上常见的生理现象，很多时候并不是你想让它勃起的。另外，阴茎勃起之后，并不是你想让它消退它就能消退的。你只要接纳这个现象，不过多去关注，它自然就会慢慢消退。

当然，阴茎勃起如果被他人发现的确会很尴尬，你可以想一些办法尽可能避免这样的尴尬。比如，不穿过紧的裤子，避免因为裤子紧、摩擦多导致阴茎频繁勃起。再比如，可以穿下摆较长的衣服以遮住裆部，让阴茎勃起时不容易被人发现。

遗精和射精的区别

一般而言，遗精是指个体在无主观意愿和自主意识的情况下，精液自动从阴茎射出体外的过程。

射精通常是指个体通过自主的性刺激，比如性行为或自慰行为，导致精液从阴茎射出体外的过程。

什么情况下需要做包皮环切手术

你可能听说过割包皮或者包皮环切术。包皮环切术是一种将男性的包皮割掉一部分的手术。那么，为什么要做这种手术呢？你需要做这种手术吗？我们来看一下。

其实，大多数包皮手术都是在男性儿童时期完成的，这是因为包皮手术主要是为了解决包茎的问题。所谓包茎，指的是包皮口过小，包皮紧紧地裹着阴茎头，无法翻上去，不能使龟头外露。包茎会影响包皮垢的清洗，容易在发生包皮龟头炎时导致粘连，甚至有可能限制阴茎发育。包茎的情况一般在六七岁时即可发现，并且需要尽早通过手术处理，否则可能影响阴茎的发育。

进入青春期后，虽然很多男孩会发现自己的包皮比较长或者比较紧，但如果能够轻松地翻开包皮、露出龟头，就不需要进行手术，只需在清洁时将包皮翻开仔细清洗干净即可。

阴茎与睾丸的保护

阴茎和睾丸（外部是阴囊）位于体外，且非常柔软，因此容易受伤。在日常生活中，一定要保护好阴茎和睾丸。比如，在玩耍的时候，千万不可以故意踢、打男孩的裆部；进行体育活动的时候，也要注意保护好自己的阴茎和睾丸；等等。

如果看过足球比赛，你可能会发现，在罚任意球的时候，处于防守位的球员往往会用手护住裆部，这就是体育活动中非常重要的自我保护。如果一个男性的阴茎或双侧睾丸受到伤害，很有可能因此失去生育能力，所以一定要注意防护。

如果你看到身边的男生喜欢玩“撞大树”的游戏，即几个男生把一个男生抬起来并用其两腿之间去撞大树，一定要马上制止，因为这很可能使其外生殖器官遭受伤害。

为了保证睾丸的正常工作，阴囊会给睾丸提供适宜的温度环境。正常情况下，人的体温是37℃左右，而睾丸内部温度须低于正常体温1℃～2℃，精子才能正常存活，精子的活力才能达到正常的标准。

阴囊是怎样调节其内部温度的呢

你仔细观察一下，就会发现阴囊表皮有很多皱褶，这里隐藏着阴囊调节睾丸温度的秘密。

当男性裆部温度过高时，阴囊就会下垂，将皱褶舒展开进行散热；当男性裆部温度过低时，阴囊就会紧缩，以维持睾丸的温度。比如，洗热水澡的时候，由于水温高，阴囊就会明显下垂，睾丸也会随之下垂；在游泳的时候，若水温比较低，阴囊就会收缩，你可能都摸不到睾丸。

鉴于睾丸健康对温度的要求如此严格，我们一般不建议男孩穿太紧的内裤、外裤，尤其不要穿过紧的牛仔裤，一定要给阴囊留下一定的散热空间。

同时，千万注意不要用脏手或其他物品碰触生殖器官，尤其不要用硬的、尖锐的物品碰触生殖器官。

如果在日常生活中感觉到外生殖器官有任何不适，比如痒、疼等，或发现外生殖器官形态有任何改变，比如变红、变肿等，要及时告诉家长，如有必要应在家长带领下到医院进行检查，以确定是否需要进一步治疗。

青春期男孩卫生保健怎么做

长青春痘了怎么办

青春痘的学名叫痤疮，在青春期孩子身上非常常见。在青春期，激素的大量分泌会刺激皮脂腺产生更多的皮脂，同时可造成皮肤毛孔堵塞，以致皮脂不能正常排出，从而引起毛囊皮脂腺发炎。这是青春痘大致的生理原因。

青春痘可能会给我们带来很多困扰，因为它多长在面部，会影响我们的外貌。千万不要用手抠或挤青春痘，否则容易引发感染，导致疤痕形成。一般情况下，过了青春期青春痘就会慢慢消退。青春痘如果形成疤痕，则会一直存在，影响我们的容貌。

另外，我们的面部有一个危险三角区，也就是鼻翼两侧到嘴两侧的三角形区域。这个区域的青春痘如果抠破更加危险。这个三角区有丰富的血管，并且它们直接通向大脑。这里一旦发生感染，可能通过血管引发颅内感染，从而造成脑膜炎等严重的疾病，甚至可能危及生命。

那有没有办法避免或减少青春痘的产生呢？

其实，造成皮肤毛孔堵塞的主要原因是油脂分泌过多，这一方面和激素的大量分泌有关，另一方面和皮肤的清洁以及水油平衡情况有关。也就是说，皮肤越清洁，皮肤保湿工作做得越好，毛孔堵塞的情况就越少。所以，保持皮肤的清洁是很重要的。平时可以选择中性洗面奶清洗面部，然后用温水进行冲洗。一天清洗1～2次即可，过度清洗不利于皮肤保湿。清洗后可用温和、中性的乳液进行保湿。

另外，睡眠和饮食的情况也会影响皮肤油脂的分泌。比如，熬夜或者常吃油腻、刺激性、非常甜的食物，非常容易导致青春痘的发生或加重青春痘的发展状况。

当然，如果青春痘的情况很严重，可以在家长的带领下去医院的皮肤科寻求专业医生的帮助。

如何做好青春期的身体清洁工作

在青春期，机体代谢旺盛，汗腺分泌旺盛，皮脂分泌过多，所以最好每天清洗身体，尤其要注意清洁生殖器官和体毛。

关于生殖器官的清洁，我在前面已经讲过。

除此之外，我们还要注意体毛的清洁。进入青春期后，男生会慢慢长出体毛，腋下、阴部以及四肢都会长出体毛。当然，每个个体体毛的多少是有差异的，这和遗传有关。体毛可以吸附细菌和分泌物，对皮肤有保护作用。正因如此，在清洗身体时要将体毛吸附的细菌和分泌物用水清洗掉，这样一方面有利于身体健康，另一方面也能避免出现体味。

变声与声带保护

在青春期，你会慢慢长出喉结，你会经历变声的过程，你的声音会从幼稚的童音变成低沉且有一定磁性的男声。

在变声的过程中，一旦损伤声带，就有可能导致声音嘶哑，甚至有可能导致永久性声音嘶哑，所以请一定做好自我保护。

在变声期，尽量不大声喊，不扯着嗓子唱歌，不吃过多辛辣、刺激的食物，觉得嗓子不舒服的时候要及时休息、多喝水。

青春期男生如何选择内裤

对于内裤的选择，要以可保证阴部的清洁、卫生、透气为主。棉质、透气的内裤通常不易滋生细菌，穿起来也更加舒适。如果你觉得现在穿的内裤很不舒服，一定要及时告诉家长。

男式内裤种类很多，常见的有三角内裤、紧身平角内裤、四角内裤、囊袋内裤等。你可以根据自己的喜好和舒适度选择适合自己的内裤。

另外，在运动或天气炎热导致出汗较多时，要及时更换内裤，因为潮湿的环境容易滋生细菌，造成感染。

要懂得悦纳自己的身体

你喜欢自己的样子吗

进入青春期的你是不是比以前更爱照镜子了呢？你会不会担心自己的身材不好、样子不好看、眼睛不够大、鼻梁不够挺？为了让自己看起来更帅气，你曾经尝试过什么样的方法呢？

其实，进入青春期之后，很多人都非常关注自己的外在形象，这是一件好事。良好的自我形象一方面可以提升自信，另一方面也可以给他人留下一个好的印象。

那么，你有没有想过，美的标准到底是什么呢？

长期以来，很多人认为，男孩就应该高大、健壮。但是，现在社会对于美的定义越来越多元。比如，有人认为男性应该有古铜色的皮肤，有人认为男性应该有健美的身材，有人认为瘦削的身材也是一种美……其实，美并没有一定的标准。

在现实生活中，我们常常更关注自己所谓的“缺点”。比如，如果你皮肤很白，也许你会羡慕有古铜色皮肤的人；如果你很瘦，你会认为自己不够强壮；如果你身材健美，却可能会担心自己太胖；如果你眼睛很大，你可能会觉得小眼睛更有魅力……

这种现象叫作身体焦虑。所谓身体焦虑，指的是我们常常会不由自主地担心自己的身材、长相不够好，担心自己不被人喜欢。其实，身体焦虑更多的是一种心理感受，和我们实际的身材、长相没有相关性。什么意思呢？可能在你看来非常帅气的男生也存在严重的身体焦虑，总觉得自己这也不好、那也不好；而在你看来长相平平的男生却可能充满自信，从不为自己的外貌、身材烦恼。

所以，是否会陷入身体焦虑，主要取决于我们自己！没有任何一个人的容貌和身材是绝对好的。每个人都有自己独特的美，重点在于我们是否敢于悦纳自己。试想一下：一个男生在你看来长相一般，还有点儿胖，但脸上总是洋溢着自信的笑容，和你交谈时也落落大方；而另一个在你看来很帅气的男生，不管做什么事总是畏畏缩缩，眼神里充满闪躲，和你沟通时总是支支吾吾不敢说话——你更喜欢和他们中的哪个交朋友呢？

显然，更受欢迎的是前者。的确，人和人在交往的时候，好的外貌更容易给人留下一个好的第一印象，但在长期的交往中我们会发现，一个人的性格特点，也就是内在的部分才会真正吸引别人。也就是说，他人对我们的评价和印象的好与坏取决于我们的内在美。

当然，这并不意味着你不需要注重外在美！穿大方得体、适合你的衣服，梳适合你的发型……通过穿衣打扮让自己的形象看起来更美是非常好的，只不过千万不要纠结于无法改变的身体特征，否则你会痛苦不堪！

青春期的身体发育会让你担忧吗

有时，青春期的身体发育可能会让你备感担忧。比如，你发育得早，看起来比身边的男生都高一些、胖一些，这可能会让你觉得自己很特殊。再比如，身边的男生都发育了，你还瘦瘦小小的，你可能会感觉自己不正常。

其实，我在前面讲了，早一些或晚一些进入青春期都是正常的。当你和身边的人不一样的时候，你难免担心或者有不舒服的感觉，这很正常。和你有一样经历的男生也会有这样的担忧。

这时，你该怎么办呢？

如果你发育得比较早，你可以考虑成为科普小达人，帮助身边的男生了解身体发育的秘密，告诉他们未来也会经历这些。他们更了解这一切，就会更平常地看待你。没准儿你还能成为让他们羡慕的小老师呢！

当然，如果你因此心情不好或有情绪波动，可以找自己信任的朋友、长辈倾诉，说出自己内心的苦闷会让你感觉好很多。你还可以选择平时能让你心情愉悦的娱乐活动来调节自己的心情。

如果有人因为你的身体特征嘲笑你，一定是对方的错。如果可以，请勇敢地用语言反击，告诉他这么做是不对的。如果你觉得自己处理不了，一定要向你信任的人求助，帮助自己摆脱困境。

如果你发育得比较晚，担心自己的身体有问题，可以求助父母，必要时可以在父母的带领下前往医院进行检查，医生的诊断会让你放下担心。如果你因为没有发育、身材瘦小而遭遇排挤或欺凌，一定要及时向父母、老师或好朋友求助。

如果你身边有发育比较早或比较晚的同学，请一定不要歧视或者用言语调侃对方，否则会让对方很受伤。友善地与他人相处，无论是对对方，还是对你自己，都是非常有好处的。

如果你想改变自己的身材，一定要通过科学的运动和饮食方式来进行，千万不要盲目节食减肥，或者吃减肥药，否则会对你的健康造成严重损害。比如，过度节食会导致骨质疏松、胃肠道疾病、营养不良等，而盲目吃减肥药则可能招致很多不可预料的结果。

如果你想增高，千万不要相信市场上鱼目混珠的所谓增高产品。这些产品被商家吹捧得神乎其神，但实际效果可能很差，不仅很难增高，而且还会带来很多副作用。科学的增高秘诀是，适当的体育锻炼和科学的营养供给。青少年身高的增长与是否经常参加体育运动有一定的关系，运动能有效促进身体发育，增强体质。

可以经常参加跑步、跳绳、游泳、篮球等运动，这些运动均有助于身高增长。当然，还要注意营养均衡。日常生活中，要注意科学饮食，切忌挑食、偏食，这样才有利于身高增长。

同时，生长激素的分泌高峰一般出现于深睡眠中，因此想长高必须保证充足的睡眠。

不要为自己生殖器官的形态感到担忧

阴茎的大小与形态

进入青春期后，很多男孩会关注自己的阴茎，尤其是其大小和形态。比如，有的男孩担心自己的阴茎太短，有的男孩担心自己的阴茎太细，等等。

其实，男性阴茎的大小及形态存在明显的个体差异。阴茎并不是越长或者越粗越好，阴茎的大小和形态并没有特定的标准。有调查研究发现，一般来讲，勃起的阴茎的大小及形态并没有太大的差异。

对于正常男性阴茎的大小，我国多个学者曾分别做过数以千计的调查，但不同学者的测量结果存在较大的差别。这除了受地区、环境等因素的影响，主要是因为疲软状态下同一个人的阴茎的长度也不恒定，另外和测量方法也有关系。但可以肯定的是，不宜以阴茎的长短来判断阴茎是否正常。也就是说，阴茎在平时（即非勃起时）的大小与勃起后的大小并无直接关系。不论疲软状态下大小如何，勃起时阴茎的大小差异甚小。这也就是说，在松弛状态下个体阴茎大小的差异，在勃起时就变得不那么明显了。因此，不必为自己阴茎的大小与别人不同而忧心忡忡。

其实，阴茎在疲软状态下大小也不恒定。比如，在人紧张、疲乏时，以及天气寒冷时，阴茎都会相对缩短。而就同一个人来说，已经发育完全的阴茎，充分勃起后其大小是恒定的。因此，通常是以勃起后的长度来衡量阴茎的大小。更常见的情况是，疲软时较小的阴茎勃起倍数可能较大，而疲软时较大的阴茎勃起倍数可能较小。现实生活中，人们往往只注意到阴茎在疲软状态下的大小差别，却不了解这种差别在勃起状态下会消失或大大缩小。

当然，临床上确实有阴茎畸形的病例，但极为罕见。真正的阴茎畸形不仅表现为阴茎短小，比如患者十七八岁时阴茎仍没有发育，而且伴有睾丸及第二性征的不发育。所以，只要你的阴茎在青春期发育了，就不用有这种担心。

除了担心阴茎的大小，有很多男孩还会担心自己的阴茎长得不好。比如，有的男孩会发现自己的阴茎是弯的，尤其是勃起之后。

其实，大多数阴茎弯曲都是正常的生理性弯曲，很多健康、正常男性的阴茎在勃起时都有轻微向两边或向上、向下弯曲的情况。那么，什么样的弯曲有可能是病理性的呢？一般情况下，如果阴茎勃起后弯曲的角度大于30度，建议去医院咨询和就诊，但这也并不说明一定有问题。医生会通过各种检查来确定是否需要治疗。即使需要治疗，也不要过于担心，各种问题造成的阴茎病理性弯曲在临床上已经有比较成熟的治疗方法。

睾丸的形态

你若仔细观察一下就会发现，在站立的情况下，你一侧的睾丸比另一侧低，这正常吗？

其实，这是正常现象。通常，男性两侧的睾丸都是一侧高、一侧低，大小也会有些不对称。正常的睾丸摸起来像一个光滑的、坚实的蛋。一般情况下，触摸睾丸不会有疼痛的感觉；反之，应立刻去医院就诊。

男孩胸部的发育

到了青春期，不仅女孩的胸部会发育，男孩的胸部也会有变化。在青春期，你可能经常会感觉到乳头胀胀的。慢慢地，你可能会发现胸部比以前大了。有些男孩的胸部可能会变得非常柔软。有时，你可能会感觉胸部有轻微的疼痛感，而且一边的胸部可能会比另一边大。

尽管这些都很正常，但许多男孩仍然会觉得很尴尬。不过，随着青春期的结束，这种状况也会结束。如果你在18～19岁之后还有这种情况，应该及时咨询医生是否需要接受治疗。

尽管胸部增大可能是正常的现象，不过有时的确会带来一些尴尬，必要的时候可以利用合适的着装来避免尴尬。

你是不是也想了解女孩是怎样发育的

了解自己在青春期会经历怎样的变化后，相信你对女孩在青春期会经历什么非常好奇。下面，我们一起来了解一下吧！

我们先来认识一下女性的生殖系统。

女性的生殖系统可分为内生殖器官、外生殖器官和相关组织。

女性外生殖器官，又称外阴，包括阴阜、大阴唇、小阴唇、阴蒂、尿道口、阴道口、阴道瓣（一般可理解为处女膜）等。

女性内生殖器官包括阴道、子宫颈、子宫、输卵管、卵巢等。下面，我们详细了解一下女性内、外生殖器官。

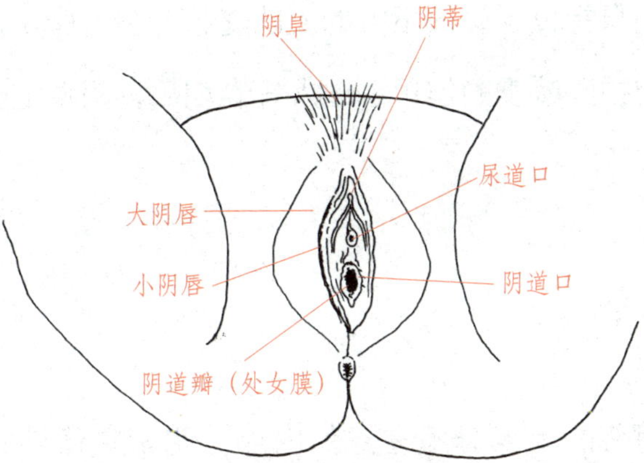

女性外生殖器结构图

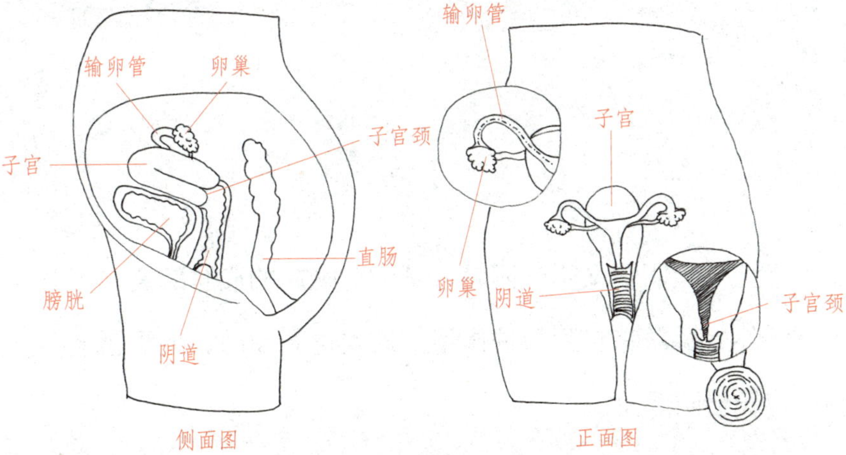

女性内生殖器结构图

阴阜

阴阜指位于腹部下方的皮肤隆起，富含脂肪，可以起到防护、减震的作用。进入青春期后，阴阜上会长出阴毛。

阴蒂

阴蒂的大部分藏在身体内部。阴蒂在体外的部分大小看起来如豌豆一般。阴蒂富含神经，对性刺激非常敏感。

大阴唇

大阴唇又叫外阴唇，是一对隆起的皮肤皱襞，可对外生殖器官起到保护作用。进入青春期后，大阴唇上会长出阴毛。

小阴唇

小阴唇又叫内阴唇，是位于大阴唇内侧的一对皮肤皱襞，主要作用是保护尿道口和阴道口。小阴唇一般是左右不对称的，并且没有特定的形状。

尿道口

尿道口位于阴蒂的下方，用于排出尿液，容易滋生细菌，造成感染。

阴道口

阴道口位于尿道口的下方，是阴道通向体外的出口，也是月经经血流出和胎儿自然分娩（也就是我们常说的顺产）的出口。

阴道瓣

阴道瓣通常被称为处女膜，位于阴道口，是一层比较薄的黏膜皱襞。它其实并不是一层膜，而是阴道口的一层有孔黏膜组织，通常呈花瓣状或发带状。在大多数情况下，它并不会因为有外物的进入而破损出血。

子宫颈

子宫颈位于子宫下部，长2.5～3厘米，上端与子宫体相连，下端伸入阴道。

子宫

子宫是胎儿生长和产生月经的地方。它位于腹部下方，就像一个由强壮的肌肉组成的口袋，形似一个倒置的鸭梨。子宫内壁的子宫内膜，对于胚胎的着床和月经的形成有重要作用。

卵巢

卵巢位于子宫的两侧，呈卵圆形。它的主要作用是产生、排出卵细胞和分泌激素（雌激素和孕激素）。雌激素会让机体在青春期发生变化，促使乳房和生殖器官发育成熟。

输卵管

输卵管是连接子宫与两侧卵巢的通道。输卵管是卵巢排出的卵细胞进入子宫的通道。输卵管也是卵细胞受精的场所，并会将受精卵运送到子宫腔。

阴道

阴道是连接子宫和外界的通道，是女性的性交器官，也是精子进入女性体内、胎儿自然分娩和月经经血排出的通道。阴道是由黏膜、肌层和外膜组成的肌性通道。黏膜组织会产生黏液，以保持阴道的润滑并防止感染。

和男孩一样，女孩在进入青春期后也会有4年的快速发育期。在这4年中，女孩的身高和体重会迅速增长，身体脂肪含量会有所增加，看上去会越来越丰满，内、外生殖器官进一步成熟，第二性征也陆续出现，如乳头慢慢变大、乳房越来越丰满、慢慢长出腋毛和阴毛、臀部慢慢变大（因为骨盆在慢慢增宽）等。大多数女孩在12～13岁时会出现月经初潮。和男孩出现首次遗精类似，女孩出现月经初潮，证明其基本上进入了性成熟的阶段，发育速度会明显减慢，但还会持续发育。

女孩在胚胎时期（即在妈妈肚子里的时候），其两侧卵巢中就存在很多不成熟的卵子（卵泡）。进入青春期，女孩体内开始大量分泌性激素，一般情况下每个月都会排出1个卵子。卵巢排出的卵子会沿着输卵管向子宫腔运动。在这个过程中，卵子如果遇到精子，就可能形成受精卵，进而孕育一个宝宝。

在卵子发育、成熟和运动的过程中，子宫一直在做相关准备工作，以为可能到来的宝宝提供一个好的成长环境，比如子宫内膜会增厚。如果卵子在向子宫腔运动的过程中没有遇到精子，说明这次排卵不会导致小宝宝诞生。这时，子宫内准备好的环境就不需要了，增厚的子宫内膜就会开始萎缩、脱落，继而和死去的卵子以及血管破裂流出的血液一同经阴道排出体外。这就是月经产生的生理原因。

月经具有周期性，平均每个月1次。来月经时，女孩要使用卫生巾来吸附经血，避免影响日常生活或弄脏衣物。

女孩来月经时要做好清洁工作。很多女孩在月经期会出现痛经、疲劳等情况，因此需要好好休息，避免剧烈运动，这就是有些女孩在月经期赶上体育课时会请假的原因。

来月经后，意味着女孩有孕育生命的能力了。也就是说，女孩这时如果进行无保护的性行为，就有可能怀孕。

第二章

青春期男孩心理变化及应对措施

青春期在心理、情绪层面意味着什么

当提到青春期的时候，你一般会想到什么呢？我问过很多你的同龄人，多数人会给出一些比较负面的词语，比如麻烦、问题、叛逆、压力等。你是不是同样觉得青春期是一个充满麻烦和问题的人生阶段呢？

其实，青春期是一个非常美好的时期，是我们从孩子慢慢发育为成人的时期。在这个阶段，我们将慢慢拥有很多能力，我们的大脑也在快速发育。各种能力的发展以及心理、情绪层面的变化让我们慢慢成熟的同时，也会给我们带来很多挑战。

如果你能更多地了解青春期可能发生在自己身上的变化，更好地接受这些变化并找到应对的方式，就不会惧怕任何挑战。

接下来，我们一起来了解一下青春期可能发生在你身上的心理、情绪变化。

如何应对青春期的情绪波动

小宇的心事

14岁的小宇最近觉得自己不太正常，因为他总是莫名其妙地生气。比如，他以前和自己的好朋友经常玩这样一个恶作剧——突然跑到对方身后拍一下对方的肩膀，但最近当好朋友路过他身边突然拍他一下的时候，他有时会觉得非常生气，甚至会吼对方。小宇很担心这样会影响自己和同学及朋友的关系，也很担心自己是不是出现了心理问题。

你觉得小宇有心理问题吗?

其实，这是青春期很常见的心理变化，也是青春期很常见的情绪波动。

也许，你也会感觉到自己进入青春期之后情绪状态和以前相比很不一样。你可能突然感觉很郁闷、烦躁，也可能突然就变得很生气，甚至经常与人起冲突。有时，你甚至突然想把自己关在房间里，不想和任何人说话。有时，你可能突然就会变得很伤感。

由此，你可能会怀疑自己是不是出现了情绪或心理问题，因为你不知道这些情绪到底是从哪里来的。

其实，进入青春期后，你的情绪受体内激素水平变化的影响会发生相应变化。我在前面讲道，进入青春期后，你体内开始大量分泌性激素。而且，性激素并不是平稳分泌的，而是时刻在波动，忽高忽低。激素的波动在一定程度上会引发生理性的情绪波动。

你也许听说过，很多女性在月经期会出现情绪烦躁、易怒的情况。这实际上就是月经期激素水平变化引发的结果。机体激素水平在青春期的波动十分明显，所以很容易导致没来由的情绪变化。

因此，当你发现自己的情绪经常发生变化时，不要担心自己有问题，也不要因此责备自己，因为青春期的情绪问题很可能不受我们的主观意识控制。

当然，你要明白，如果没办法用恰当的方式处理自己的负面情绪，很容易引发一系列问题。

如果你总是没来由地和别人起冲突，很可能会破坏你的人际关系。如果你一直压抑自己的情绪，又可能会让自己非常难受，甚至引发一系列情绪、心理问题，比如抑郁、焦虑等。

所以，学会接纳自己的情绪，并且用积极、恰当的方式处理自己的情绪是非常重要的。

下面，我介绍几个非常实用的处理情绪问题的小窍门。当然，你可能会找到更多对自己更有效的方法！

建立专属自己的应对负面情绪的“工具箱”

当你情绪不好的时候，做什么会让自己开心一些呢？运动、听音乐、看电影、读书、写日记、和朋友聊天、上网、画画……都可以！请试着找一些能让自己很快摆脱负面情绪的方法吧！

其实，在生活中，我们每个人可能都有自己专属的能让自己心情很快变好的方法。比如，你的好朋友喜欢通过运动化解负面情绪，但运动对你来说可能完全无效。所以，重要的是，你需要通过自己的尝试找到能让自己心情很快变好的有效方法。你可以把这些方法总结一下，建立一个专属自己的应对负面情绪的“工具箱”。你有了应对负面情绪的工具，自然就不会再担心负面情绪来袭了。

当然，以下两点值得注意。

第一，不要只用一种方法来化解自己的负面情绪，尤其当这种方法的持续使用可能导致某些问题的时候。比如，有人会通过吃东西缓解负面情绪，长此以往可能影响身体健康。再比如，有人习惯通过打游戏缓解负面情绪，如果一有坏情绪就逃避到虚拟的游戏世界，可能会让你越来越害怕真实世界的生活。所以，多种方法的结合，并且尽量选择对自己身心健康有益的方法是非常重要的。

第二，当负面情绪特别强烈的时候，也许之前有效的方法会突然失效。这时不要质疑这些方法，也不要责备自己。对于大部分人来说，负面情绪积累到一定程度，都很难自己解决。这个时候一定要尽快求助家长或自己信任的人，比如学校的心理老师、班主任，自己聊得来的长辈等。必要时可请家长带你去找心理咨询师寻求专业帮助。

给自己时间、空间缓解负面情绪

你是不是也曾尝试压抑自己的情绪？你是不是也想好好和家长或朋友沟通，但总感觉找不到合适的时机？

其实，我们出现负面情绪时，想控制情绪和别人好好交流是一件非常难的事情，哪怕对成年人来说也是如此。所以，不要太为难自己，不要过于压抑自己的情绪，而是给自己一些时间、空间去处理自己的情绪，然后再和别人沟通。

比如，当你因为一件事与妈妈发生争执时，你可以说："妈妈，对不起，我感觉自己情绪有些激动。你先给我10分钟时间让我平静一下，我们再继续谈。"之后，你可以回到自己的房间，用对自己有效的方式处理一下情绪。比如，先从1数到10，再从10数到1；或者听一首歌排解一下。等情绪平复了，再和妈妈继续交流。

让身边的人了解你情绪波动的原因

我们通常很担心自己情绪的波动会破坏人际关系，但如果能让别人懂得我们正在经历什么，可能就会降低这种风险。你通过阅读这本书可以知道自己在青春期情绪容易波动的原因，但你身边的人有可能不知道这一点，他们可能会觉得你的反复无常是在无理取闹。

所以，将你学到的知识科普给身边的人是很重要的。你要让你的家长、亲戚、朋友知道，你并不想伤害他们，但有些时候你真的很难控制自己。你可以提前和对方约定，你感受到情绪出现波动时，会通过一些言语或其他信号暗示对方。这样，对方就会主动给你留出时间、空间让你处理自己的情绪。这种方法显然是非常有效的。

另外，让对方看到你在努力处理情绪也是很重要的。如果你一味让对方理解你，却完全不会想办法缓解自己的情绪，会让对方觉得你很不真诚甚至是在逃避，反而会破坏人际关系。

如果情绪问题很严重，要马上求助

如果你发现自己的情绪问题越来越严重，一定要尽早求助。比如，长时间处在悲伤、痛苦或焦虑中，觉得生活中的一切毫无意义；开始尝试用伤害自己身体的方式来缓解情绪，甚至考虑或已经尝试过自杀；出现了失眠、多梦、食欲减退或无法控制的暴饮暴食等问题；经常在睡觉前哭泣；等等。最好向专业的心理咨询师求助。

当然，你还未成年，可能没有办法独自去求助心理咨询师或心理医生，但你可以告诉家长你需要专业帮助。你也可以求助学校的心理老师。

如何应对青春期的同伴压力

小强的心事

上初中一年级的小强最近感觉非常孤单，因为他最好的朋友小刚转学走了。再也没有人和他一起上学、侃大山了，再也没有人在小组活动时愿和他坚定地组队了。同时，小强觉得自己很失败，他感觉自己近几年来朋友越来越少，最好的朋友也只有小刚一个，是不是自己有问题呢？

实际上，同班的男生小琪这几天向小强投来了友谊的橄榄枝，但同时要求小强必须像他们小圈子里面的其他男生一样玩某一款网络游戏，而且还要花钱买很多装备。小强不知道自己该不该同意。

进入青春期之后，你会发现自己非常渴望友谊，非常渴望获得同龄人的认可。这源于青春期一个重要的心理特点，那就是群体归属感。当有好朋友，有自己的小圈子的时候，你会非常开心、自信；如果在友谊和人际关系方面遭遇挫折，你非常容易产生自我质疑，甚至是自卑的感受。

其实，这和我们的自我评价体系有关。小时候，我们的自我评价往往来自家长和老师。当被家长和老师表扬时，我们就会感觉自己是有价值的；如果被批评，则会觉得自己不够好。随着年龄的增长，进入青春期后，我们的自我评价往往更多地会受同龄人影响。比如，你开始在意同学如何评价你，同龄人是否喜欢你，是否能够交到足够多的好朋友，在班级的投票中获得了多少票，等等。基于这些评价，你将判断自己是不是一个有价值的人。

处在青春期的你有这样的感受是很正常的，这是我们的成长规律决定的。如何面对朋友和同伴压力，以下几点是我们需要明白或者好好考虑一下的。

进入青春期，朋友变少是必然的

为什么这么说呢？随着慢慢成长，我们对于友谊的认识与以前越来越不一样。试想一下，在幼儿园和小学低年级的时候，你认为什么样的人能做你的朋友呢？你通过回忆可能会发现，那时候的友谊很简单，能在一起玩的、住得近的小伙伴都可以成为你的朋友。

进入青春期之后，我们对于朋友的选择会十分慎重。我们更倾向选择那些与我们有共同语言、有共同爱好、能够彼此支持和陪伴、三观合得来的人做朋友。此时，我们的朋友数量自然会减少。

所以，不要以朋友的数量作为衡量自己是否有价值的标准，重要的是你能否和朋友很好地交流，你和朋友是否都很享受这段友谊。不过，为了避免遭遇和小强一样的困境，可以在交朋友时适当扩大一下范围。当你有两三个朋友而不是只有一个的时候，你失去朋友的风险就会相对变小。

当然，在日常生活中，如果你能做到和其他不是朋友的同学和谐相处，你将会获得更多人的认可，由此你也会对自己更加认可。

自我评价应该更加全面

如果你仔细想一想，你就会发现，对于一个人的评价，不能仅仅看他的人际关系如何。我们时常陷入当局者迷的境地，忘了客观地评价自己。

也许你并不是一个擅长人际交往的人，但你一定也有自己的优点。比如，你有很强的学习能力，你很善良且乐于助人，你面对困境很坚韧并能很快找到应对办法，你擅长音乐或绘画，等等。

虽然我们要善于发现自己的弱点并努力改进，比如人际关系不好时要努力提升自己的人际交往能力，但看到自己的优点同样重要。每个人都是独特的、有价值的、有个人魅力的个体，千万不要因为一个弱点或一次挫折而否定自己。

学会应对同伴压力

小强在感觉到孤独时收到了小琪抛来的友谊的橄榄枝，但小琪同时也对他提出了要求。小强该怎么办呢？

其实，小强所面临的困境就是我们通常所说的“同伴压力”。你在自己的人际交往中是否也遇到过同伴压力呢？

简单来讲，所谓同伴压力，指的是当我们希望和别人保持良好的关系时，我们是否要做出一些妥协，做一些自己本不喜欢做的事情。比如，你的一些朋友都喜欢某个明星，但你并不喜欢这个明星，你就可能会被孤立，甚至失去这些朋友。

面对同伴压力，并没有绝对好或坏的选择，你需要根据具体情境和自己的情况作出判断。当感受到同伴压力时，你可以坐下来好好想一想，拒绝同伴压力对你有哪些好处和风险，顺从同伴压力对你又有哪些好处和风险。而且，哪些好处是对你特别重要的，哪些风险是你无法承担的，你也要考虑清楚。

后来，面对小琪递来的友谊的橄榄枝，小强选择和对方先沟通。他真诚地向对方表达："我很想和你做朋友，但是我不打游戏。如果是这样，你还愿意和我做朋友吗？"

小强之所以有这样的选择，是因为他考虑到打游戏这件事是自己无法承担的，而且他非常担心对方并不是真的想和他做朋友。所以，他选择用这样的方式表达自己的感受，他也想通过对方的回应来判断是否要和对方做朋友。

而另一个男孩小安面对类似的情况时做出了不同的选择。小安在班级里是一个人缘很好的男孩，大家都喜欢向他倾诉自己的心事，因为他能包容各种声音，是一个很好的倾听者。然而，小安也有自己的困扰，他其实常常觉得有些同学说的话是不对的、有问题的，甚至是他十分厌恶的。他很想把自己内心的感受说出来，但又怕破坏自己的人际关系。因此，他经常迫于同伴压力做很多自己并不想做的事情，只为取悦同学。

后来，小安在父母的带领下去做心理咨询。在咨询师的帮助下，小安分析了选择说出自己的真实感受和选择隐瞒自己的真实感受的利弊分别是什么。最终，小安决定保持沉默，因为他认为对于现阶段的他来说，保持好的人际关系非常重要。更重要的是，他找到了合适的方法处理那些因为不能表达内心的真实感受所导致的负面情绪。

小强和小安的选择，谁的选择更好？也许你会有自己的答案。

其实，没有绝对好或者坏的选择，你只要做出对自己最有利的决定就好了。

当然，如果你选择顺从同伴压力，你要像小安一样找到应对困境的办法，否则就可能给自己带来伤害。

当然，有一些情况是例外的。如果同伴压力已经造成欺凌和压迫，那你要做的不是妥协，而是反抗。没有任何人应该被欺负，也没有任何人可以欺负别人。这是人际交往的原则。

发展独立思考和做决定的能力

小豪的心事

15岁的小豪很困惑，因为他和妈妈的关系变得越来越差。小豪以前很喜欢和妈妈聊天，有心事也愿意讲给妈妈听。但他这些年发现，妈妈越来越不能理解他。比如，他想自己在卧室里待一会儿的时候，妈妈经常会来打扰；他讲起自己喜欢的动漫或者体育比赛时，妈妈经常打断他，总是告诉他要把精力放在学习上；等等。此外，小豪和妈妈经常因为对一件事情的看法不同而争吵……

你是否也有类似的经历和感受呢？你是否也发现进入青春期以后，自己和家长的关系变得越来越糟糕？那么，为什么会这样呢？

其实，这和你正处于青春期这一特殊的人生阶段有关。我在前面讲过，青春期是一个很重要的过渡时期。在这个时期，我们将慢慢长成成年人。如果想成为一个可以在社会上独立生活的成年人，我们必须拥有独立思考的能力，必须能够自己做决定和解决困难。我们的这些能力都必须在青春期打下良好的基础。

家长作为我们的主要照顾者，在我们整个儿童时期和我们的相处已经形成了一种固有模式，那就是他们要保护我们、照顾我们、帮助我们。这样的保护、照顾、帮助在儿童时期于我们而言是非常重要的。然而，当我们进入青春期，当我们出现了独立思考和做决定的需求，家长很有可能还没有准备好做出转变，或者他们依然会担心我们做错决定。

你若能静下来好好想一想，我相信你能够理解家长的担忧。当然，和家长的冲突会让你非常不舒服，这时候应该怎么办呢？

下面，有几个小建议供你参考。

向家长表达你对他的理解

能够理解对方并且表达出来，是沟通的重要前提，在和家长的沟通中也是如此。当家长感觉到你理解了他的感受和想法，而不仅仅是“反对”他的“教导”，你们之间的沟通会变得更顺畅。

你可以在沟通中表达对于家长的担忧的理解。如果你能举出一两个具体的例子向家长展示你看到了他的担忧和关心，效果会更好。比如：“妈妈，我知道你提醒我把注意力放在学习上是为我好，是在担心我未来的发展。”

帮助家长了解青春期孩子的特点

在表达对于家长的理解后，接下来要做的就是帮助家长理解你正在经历什么。

其实，我们常常陷入一种误区。很多家长觉得青春期孩子的问题都是孩子自身导致的，因为孩子太叛逆、太不懂事。而很多孩子则认为正是因为家长不理解自己、总批评自己，自己才变得十分叛逆。

实际上，家长和孩子是在共同面对青春期这个特殊阶段所带来的挑战。也就是说，家长和孩子应该是一个战壕里的战友。

所以，你可以试着把你在这本书里学到的以及你体会到的青春期的变化和挑战传达给家长。只有了解彼此，你们才能真正成为战友，而不是成为对立的“敌人”。

和家长约定沟通的常规方式

其实，家长最大的担忧往往是怕我们做错决定，而我们最不能接受的就是家长直接替我们做决定。相信通过合理的沟通，家长能够理解学会做决定于我们而言是很有好处的，而我们也能明白，家长的很多建议和经验是值得我们借鉴的，我们只是不希望家长直接替我们做决定。

所以，最好的解决办法是和家长协商。在做一些重要的决定时，我们可以和家长讨论不同的选择和决定会带来怎样的利弊。我们要提出自己的想法，也要允许家长提出他们的建议。我们自己思考问题的时候其实很难做到客观、全面，而家长的某些视角的确是我们不具备的。

当然，在沟通的过程中我们可以约法三章，比如要认真倾听每个人的表达、不能打断、不要评判等，从而保证沟通顺利进行。

向家长展示你的能力

我前面提到过，家长最大的担心是怕我们做错决定。如果在成长的过程中，我们不断向家长展现我们的能力，能让家长意识到我们是有能力为自己负责的、面对每个重要事件都能审慎地做决定、不会做情绪化的决定、能够充分分析利弊、能承担自身所做决定带来的影响等，我们就一定能慢慢获得家长的信任，得到家长更多的支持。

看到这里，相信你已经明白，青春期的情绪和心理变化并不可怕，只要了解它们为什么会出现，并且能通过与他人沟通、互动来获得理解和支持，我们就可以平稳度过青春期，成为一个更有能力、更自信的人！

第三章

青春期的性别表达与社会压力

不可忽视的性别压力

你了解性别指的是什么吗？除了男生、女生这样的性别划分之外，性别还包含其他内容吗？

其实，我们通常所讲的性别基本包含三个概念，它们分别是生理性别、心理性别和社会性别。

生理性别

生理性别就是男女之别，相信你在很小的时候就已经确定了自己的生理性别。一般来讲，长着男性生殖器官的人就是生理性别意义上的男性，长着女性生殖器官的人就是生理性别意义上的女性。除非后天通过手术的手段干预，否则一个人的生理性别是不会发生变化的。

心理性别

心理性别指的是一种主观感受，也就是我们感觉自己是男性还是女性。对于绝大多数人来说，我们的心理性别和生理性别是一致的。也就是说，生理意义上是男性的人，内心感觉自己也是一个男性；反之亦然。

的确也有极少数人，他们的心理性别和生理性别是不一致的。也就是说，生理性别是男性的人，也有可能在内心里深深感觉自己是一个女性。

如果这种情况恰巧发生在你身上，不要觉得自己不正常，这的确是少部分人可能存在的感受。因为和大多数人不一样，你可能会感觉到困惑，或者压力重重。这时可以尝试在家长的带领下去找专业的心理咨询师进行咨询，借助专业的力量帮助自己。

社会性别

社会性别指的是我们所处的社会环境、文化环境，对我们作为一个男性或女性的期待和要求。比如，你可能从小常听到家长说：“你作为一个男孩子，要怎样怎样……”；比如，老师在学校里会要求男孩、女孩做符合自己性别特征的事情；比如，你可能看到媒体对于男性、女性有不同的期待；等等。这都是社会对性别的期待所导致的。

下面，我将重点谈谈社会性别对我们的影响。

你的社会性别特点是怎样的

你有没有想过，你身上的性别特点有哪些是与生俱来的，有哪些是后天形成的？其实，这真的很难判断。不过，下面这个小练习可以帮到你！

你可以自己做这个练习，也可以和好朋友一起做这个练习。

具体步骤如下：

第一步：将一张白纸分为3等份，在左侧一列写出你能想到的所有的男性特征，在右侧一列写出你能想到的所有的女性特征，将中间一列空着。开动你的大脑，你一定能想到非常多的男性或女性的特征，比如阴茎、月经、遗精、乳房、聪明、温柔、细腻、强壮、坚强等。

第二步：把左右两列中所有和生理特征相关的内容保留，把其他的特征移到中间一列。当然，有些特征是非常好判断的，比如阴茎、遗精一定是男性的生理特征，而月经、乳房一定是女性的生理特征。但还有一些特征可能会让你觉得很难判断，这时你可以想一想，这样的特征是不是男性或女性独有的。比如，强壮大多数时候用来形容男性，但是你可能也见过很强壮的女性，那这个特征就要放到中间一列。再比如，温柔大多数时候用来形容女性，但是也可用来形容男性，那这个特征也要放在中间一列。

然后，请你看一看中间这列的所有特征。这些特征其实都是后天形成的，或者是先天作用加后天影响共同导致的。也就是说，这些就是社会性别特征，或者说是我们性别特征中社会属性的部分。

可以说，很多社会性别特征不是男性或女性专有的，而是每个个体有意识地养成的。这里面所有你觉得好的特征，都可以通过努力去获得。

为自己设计社会性别发展规划

既然我们在社会性别特征上有自主权，我们就可以设计自己的社会性别发展规划。在你小的时候，你的社会性别会受家长、老师、环境的影响。随着慢慢长大，你对自己的社会性别发展将有更多的自主权。

你可以通过以下的练习来规划自己的社会性别特征。

想象一下，如果你从小生活在一个在性别层面对你有诸多要求的环境里，那么这个环境会对你产生怎样的影响呢？

你可以回想一下自己从小到大接受的所有关于性别的教育并记录下来。比如，你也许记得家长曾经告诉过你："你作为一个男孩，应该学会保护别人。"比如，你也许记得上小学的时候，老师不止一次向你强调过男孩要有责任感、有担当。比如，你经常被告知，男孩长大后要赚钱养家。每个人的家庭和生活环境不同，从小接受的关于性别的教育肯定也不同，只要写出真实的情况就可以。

然后，请你分析一下这些教育对你的影响。比如，哪些给你带来了好处，哪些让你陷入了困境，哪些既给你带来了好处又给你带来了麻烦，等等。

最后，请记住，你握有主动权，你自己可以决定哪些你想保留，哪些你想改变。并且，你可以好好考虑一下，你想通过哪些努力来达成怎样的改变。

正如上面所言，我们可以规划、培养甚至改变自己的社会性别特征。

在家庭中，我们常常潜移默化地被家人的性别观念影响。以下一些题目可以帮你反思自己的性别角色模式，从而有助于你追求自己想达成的性别特征。

针对以下8道题，请你用“男性”“女性”“男女共同”三个选项进行回答。

1. 你们家的家务活一般是谁做?

2. 你认为家里的家务活应该由谁做?

3. 你们家里有人生病了，谁来负责照顾病人?

4. 如果家里有人生病了，你认为应该由谁负责照顾病人?

5. 你们家谁负责赚钱养家?

6. 你认为一个家庭应该由谁负责赚钱养家?

7. 你们家大的决策是谁来做? 比如买房、买车、搬家等。

8. 你认为一个家庭的重大决策应由谁来做？比如买房、买车、搬家等。

相信你已经发现了，以上8个问题的发问方式基本分为两个模式，一个是你所在家庭的现实情况，另一个是你期待的情况。如果你有自己的期待，想一想，你为什么会有这样的期待？如果你的期待和现状不同，你会怎么办呢？

其实，无论在家庭里还是在社会上，一件事情应由谁来做，主要考虑的因素不应是性别。换句话说，没有绝对的所谓适合男性或者适合女性的事情，只有适合或不适合某个人的事情。比如，有的人细致、有耐心，适合当老师；有的人有决断力，适合做团队领导者；等等。而这些特质是男性、女性都可能具备的。

所以，如果你对自己的未来有定位，已经有较为清晰的人生目标，可以分析一下你若想达成这个目标需要哪些特质，然后就可以朝着这个方向努力。无论你是女生还是男生，只要付出努力，都可以实现自己的目标和梦想。

同时，无论性别如何，有一些特质若是我们公认的好的特质，我们就应该去追求，比如有担当、能够理解他人、友善、可给人安全感、包容等。这些是我们每个人都应为之努力的目标！

如何应对性别表达可能带来的社会、心理压力

随着我们慢慢长大，虽然我们对于自己的社会性别越来越握有决定权，但不可否认的是，我们所处的环境依然有可能带给我们一定的压力。

所谓性别表达，就是我们选择以什么样的社会性别模式生活在我们身处的社会环境中。

当我们自己选择的性别表达模式和我们所处环境对特定性别的表达模式的期待有出入时，我们就有可能遭遇压力，甚至歧视。

我们来看看小旭的遭遇。

小旭的心声

小旭是一个非常喜欢艺术的情感细腻的男生，他喜欢弹钢琴和画画，平时喜欢一个人静静坐着思考。在学校里，班里的男生都很喜欢在课间休息时打篮球、踢足球，小旭从来不参加，他不喜欢激烈的运动，也很担心自己在运动中会因为碰撞受伤。他是班里唯一一个不参与这些运动的男生，其他的男生因此开始有意无意地排斥他，有人甚至叫他“娘娘腔”。这让小旭觉得非常痛苦。

小旭所面对的压力就是由于自身的性别表达模式和所处环境对性别表达模式的特定期待不一致所导致的。班里只有他一个男生不参加体育运动，他由此招致了别人的误解甚至不友好的对待。当然，小旭并没有做错任何事情，因为他的选择并没有伤害到任何人。反之，那些议论他的同学才真正做错了事情，他们不应该因为别人是人群中的少数群体，就歧视、伤害对方。

其实，在生活中，我们每个人都有可能变成人群中的少数群体。比如，大家都戴眼镜而你不戴；大家都比你高；大家都有名牌篮球鞋而你没有；大家一起出去吃饭，只有你不吃牛肉；等等。成为少数群体时，我们更敏感、脆弱，更容易受到伤害。当我们成为少数群体时，我们十分渴望被理解、接纳和喜爱。

所以，推己及人，当面对班级里或者生活中因为各种原因成为少数群体的人时，我们千万不能歧视、嘲笑对方，而是要尊重、接纳和理解对方。也许，你并不愿意和对方成为好朋友或者有更多的接触，但起码要做到友善地对待对方。

当然，如果你能在看到别人欺负、歧视少数群体时挺身而出，阻止这种错误的行为，那就更好了。不过，做这一切的前提是保证自己的安全。如果能和好朋友一起来做这件事情而不是单独行动的话，你也许更能保护好自己，因为你将更有力量。

我们再来看看小旭。面对自己的遭遇，小旭应该怎么做呢？

其实，性别表达更多的是一种个人选择。每个人都有自己的特点和自己想选择的生活方式。是否要将自己的性别表达表现出来让他人看到，每个人都应该好好考虑一下。你可能也曾面临过类似的困境，这时你可以进行这样的思考。

试想一下，如果选择遵从自己的内在感受进行性别表达，可能带来什么好处，又可能带来什么风险呢？一般的情况可能是这样的。

首先是好处。比如，可以满足自己的需求，可以让自己开心，可以不委屈自己，可以发展自己的爱好，等等。

其次是麻烦。比如，可能会被议论、被歧视、被孤立，可能得不到家长的理解，可能会遭遇很多负面情绪，等等。

当然，以上只是简单举例。每个人所处的环境和面临的问题不同，相关的好处和风险也会存在差异。

分析完之后，请认真思考，你是愿意享受这些好处，直面风险和压力，还是更愿意为了避免这些风险和压力，一定程度上暂时放下自己内心的需求。请记住，选择没有好坏之分，只有是否适合自己。

也许，你会觉得如果不能坚持做自己，自己就会变成一个没有价值的人，但让自己适当规避风险也是智慧的选择。如果你愿意做真实的自己且有能力去应对风险，你真的很棒。如果你在坚持的过程中感觉很辛苦，最终选择妥协，也没有问题。

当然，我们每个人都应为创造更加包容、美好的环境而努力。当每个人都能贡献一点力量，我们就将越来越有机会遵从自己内心而活，恣意绽放自己的光彩。

请相信，你的每一分努力，都会让这个目标离我们越来越近！

第四章

青春期爱的感受和关系的建立

爱的感受是怎样的

爱是一个神秘、复杂的词语。说到爱，我们总能联想到很多。

当看到“爱”这个字，你会想到什么呢？你的很多同龄人给出了五花八门的答案，比如爱情、大爱、友谊之爱、爱父母、爱老师、爱学校、爱宠物、爱好等。

而在这里，我们要讨论的只是“爱”这个内涵广泛的词语的一部分，那就是浪漫的爱，也就是爱上一个人、对一个人怦然心动的感受。

爱到底是一种什么样的感受，很难用明确的语言描述清楚，因为感受本身就是个性化的，每个人的感觉都有可能不同。我们对于爱的感受和理解受很多因素影响，其中最主要的是以下三个方面。

爱由生物本能触发

爱的感受与需求，是个体生存与种族繁衍的需要，受自然密码控制。爱的体验、感觉、冲动与个体生理意义上的性的发育和成熟直接相关。也就是说，每个人在成长的过程中，都会慢慢体会到爱的感受，这是机体自然发育的结果。也就是说，爱由生物本能触发。

爱可受社会、文化影响

社会文化对于个体对爱的感受和理解的影响是很大的。在不同历史时期、不同文化背景下，人们对爱的理解、表达和感受是不同的。比如，相较于西方人，东方人对于爱的表达更加内敛、克制，对于爱的理解也有更多责任、风险的内容。比如，在很多文化中，夫妻之间基于对方对于爱的感受更多在婚后培养，爱并不是婚姻的必要条件。现代社会，人们对于爱的追求更加遵从自我感受。

爱深受个人经验影响

个体对于爱的感受和理解深受原生家庭父母关系、亲子关系的影响。当你的父母对于爱的表达更加外显、明确时，你对爱的感受和表达相对来说也会更加明确。同时，父母之间的互动方式以及他们与你的互动方式，也会影响你基于爱的感受与他人的互动。

个体对于爱的感受和理解也会受个人对爱的接纳及感受的影响。不可否认的是，每个人对于爱的感受和接纳程度有所不同，这与我们刚才提到的社会文化环境和原生家庭有一定的相关性。当然，还有一部分和个体之间天生的差异有关。

同时，我们以往表达爱及被接受的相关经验也会影响我们当下的感受。当一个人积累了更多和爱相关的积极经验时，他对于爱的体会更加深刻，也更倾向积极表达；反之，则可能压抑自己关于爱的感受。

你体会过爱的感受吗

我在前面讲了很多可影响爱的感受的因素。那么，你体会过爱的感受吗？

进入青春期的你大概已经体会过爱的感受了。从个体发育的角度来讲，随着我们大脑的不断发育，在七八岁时，大多数人会第一次体会到爱的感受。基于爱的感受，你能够区分朋友之间的感情和爱情之间到底有怎样的差别，能意识到自己对班上某个同学、认识的某个人或者某个明星产生了心动的感觉。你可能会给对方写一封情书，可能会把这一切记录在日记里，也可能什么都不做，但无论怎样，你已经清晰地感觉到了爱的感受。

进入青春期，随着体内性激素的大量分泌，你所体会到的爱的感受会更加强烈，并且身体接触对你有了不同的意味。在你小的时候，老师让你和女生手拉手做游戏时，你对此可能并不会有特殊的感受。当你进入青春期后，和异性的身体接触可能会让你产生不同的感受，有时候会让你觉得很害羞，有时候会让你感觉到不舒服，这都是很正常的。

你还可能发现自己对于描述恋爱的影视作品和书籍非常感兴趣，看这些作品时会很开心，甚至沉浸其中。你可能因此体会到“恋爱”的感受。同时，这些作品也可能会影响你对恋爱的看法和判断。关于这些，我们在后面还会具体讨论。

面对爱的感受，我们该怎么办

读到这里，你应该已经知道，爱的感受是自然出现的，是一种美好的感觉。感受是不受人的意识控制的，爱的感受也是如此。很多时候，我们仅仅是觉察到这种感受出现了而已。所以，当你体会到爱的感受，去享受这种美好的感觉就可以了。

然而，行为和感受是完全不同的，行为是受我们的意识控制的。体会到爱的感受之后，我们要做出怎样的行为，是需要好好思考一番的。比如，你在一次考试中取得了很好的成绩，你有了开心的感受，但这一感受你是否要表达出来，以及你要向谁表达，你是可以选择的。

面对爱的感受，有哪些可能的选择呢？你可以坐下来好好思考一下，并把你想到的选择写在纸上。

当然，你也可以和你的好朋友一起来做一个练习。你们可以来场比赛，看谁能写出更多的选择。在做这个练习的时候，不要想某个选择是不是合适，或者自己会不会做这个选择，尽可能把你能想到的都写出来吧！

下面，举一些例子。当然，你想到的可能更多、更全面。

1. 建立恋爱关系。

2. 做普通朋友。

3. 暗恋，不表达。

4. 表达，但不建立关系。

5. 默默守护对方。

6. 回避甚至压抑自己的感受。

……

接下来，请说出对你来说更可能的两到三个选择，然后依次分析这几个选择的利弊。下面，我以“建立恋爱关系”和“做普通朋友”为例来分析一下。

建立恋爱关系

利：获得双方认可的关系；更直接地体验爱的感受，体验亲密感，体验被认可的感受，体验被人爱的感觉；可能会促进学习；每天有人陪伴；遇到困难可一起面对……

弊：如果恋爱中出现矛盾可能会影响心情，家长可能会反对，可能面临来自学校和老师的压力，可能影响学习，可能遭遇同学的起哄、调侃，表白时可能被拒绝……

做普通朋友

利：被拒绝的可能性很小，更容易保持和对方的友好交往；不会面临来自家长、学校的压力；可以彼此陪伴、互相鼓励；可默默享受喜欢和被喜欢的美好感受；不会影响学习……

弊：要把自己的真实感受藏在心里，可能错失交往的机会；如果对方恋爱了，自己会有失恋的感受；无法了解对方的真实想法；强烈的爱的感受可能会影响情绪和学习……

当然，我还要强调，由于每个人的性格特点、生活环境不同，每个选择对每个人的利弊都可能不同。所以，不要拘泥于上面的例子，一定要根据自己真实的情况进行思考。不过，一个人自己思考时，往往容易钻牛角尖，难以打开思路，所以你可以和好朋友或同学一起讨论、完成这个练习。这样，你们可能给彼此更多启发，把利弊考虑得更充分。

看到这里，也许你很想问一句，这些选择里，哪个更好、哪个更不好呢？其实，就像我前面说的一样，选择没有好坏之分，只有适不适合而已。但是，在上面提到的选择中，的确有一个是我不推荐的，那就是“回避甚至压抑自己的感受”。

为什么我不推荐这个选择呢？你一定还记得，我在前面说过，爱的感受是自然出现的，是我们无法用主观意识控制的。如果你不能接纳这种自然出现的感受，或者因为其他原因而选择回避甚至压抑自己的感受，很容易让自己产生很多负面情绪甚至心理问题。

其实，风险都是行为带来的，感受本身并不会带来风险。所以，如果你担心影响学习或有其他的担忧，完全可以选择默默体会这种感受而不表达出来。你只要不表达出来，就不会有人知道。你在心里默默享受这种美好的感觉，并不会给自己或他人带来任何负面影响。

当然，很多时候，对于自己的感受，我们还是渴望被别人看到和理解。你可以选择在安全的范围内表达自己的感受，比如和关系很好的朋友说说自己的感受，或者把自己的感受写在日记中。有的时候，比起一个人面对这种感受，表达出来会让你放松很多。

如果爱的感受真的让你非常纠结、担忧，可以考虑在父母的帮助下寻求专业的心理咨询师的帮助。

在爱面前，如何做选择

我们再回到选择上。在上面的练习中，你已经完成了对于各种选择的利与弊的分析，同时也了解了没有一种选择是绝对好或不好的，那到底该怎么做出适合自己的选择呢？以下几点，值得你好好思考。

做决定时要充分考虑利与弊

如何保证一个选择适合自己？最好的方法就是充分考虑每个选择的利与弊。我们考虑得越充分，思考得越全面，做出的选择往往越合适。在面对所有利时，一定要充分考虑哪些利对我们特别重要，哪些重要性一般或没那么重要；而在弊的方面，要重点考虑哪些会给我们带来很大的压力，哪些是我们可以较为轻松地处理的。

将所有利弊从自己的角度排序，会帮助你做出更适合自己的选择。

没有人能帮助你做决定，别人的选择不一定适合你

在青春期，我们往往会拒绝家长或其他成年人的建议，却容易受同龄人影响。比如，你可能会这么想，我的好朋友决定谈恋爱，我是不是也可以？我的好朋友选择默默守护自己暗恋的人，为什么我做了同样的选择，却觉得心里很难受呢？等等。

其实，即使是你最好的朋友，他的选择也不一定适合你，他也不能帮你做决定。哪怕你们平时再聊得来、

三观再一致，你们的个性也可能存在差异，你们从小生活的家庭环境也可能存在差异，所以同样的选择在你们身上完全可能导致不同的结果。

相信你也听说过这样的例子，有的同学谈恋爱可以促进学习，最后和恋人双双考上了名牌大学，但有的同学谈恋爱之后成绩一落千丈；有的同学在暗恋中享受了爱的美好，也经过默默努力成就了更好的自己，但有的同学却深陷暗恋的痛苦无法自拔，常常沉浸在负面情绪中……

所以，千万不要把决定权交到别人手上。当然，听取多方的意见、想法是非常好的，但做决定时要根据自己的情况来做取舍。

记住，在你做出选择的同时，也意味着你要为自己的选择承担责任和风险。

要充分考虑环境的影响

我们都不是独立生活在这个世界上的，我们的各种行为都会引发外界环境的反馈，甚至为自己带来压力。所以，对于爱的选择，环境因素的影响也是要重点考虑的。比如，我们的父母及其他家人对于青少年谈恋爱的态度，决定着我们的选择是否会带来来自家庭的压力；学校、老师对于青少年谈恋爱的态度，包括可能存在的一些校规、班规，决定了我们的行为是否会带来来自学校的压力甚至相应的惩罚。

想好如何面对困境

当你打算做出一个选择时，最好对这个选择可能带来的风险和困境做一个预估，并且要想好一定的应对措施。这样，遭遇这些风险和困境的时候，你至少在心态上会保持平和、从容。同时，在考虑应对措施的时候，要明确自己是否有能力应对相应的风险。

毕竟，单纯地觉得自己可以和真的有能力应对是完全不同的。

好好想想什么行为是适宜的

在你对有关爱的行为进行选择时，有可能涉及人际互动。比如，你要向一个人表白或者和对方交往的时候就要涉及两个人的互动。有人际互动存在的时候，你要考虑清楚自己的行为是否会给他人带来不适。比如，当众表白也许在你看来是很浪漫的行为，但可能会让对方很尴尬；比如，你被拒绝了仍然锲而不舍地表白，有可能让对方很受困扰；比如，你总给对方送东西引来了班里其他同学的议论甚至起哄，可能会让对方很难受，因为对方并不喜欢被别人议论；等等。

在人际交往中，最难的就是表达自己感受的同时不伤害对方，不给对方造成麻烦和困扰。只要能多从对方的角度考虑问题，多去理解对方，多去观察对方的身体语言、面部表情，你就能够更好地理解对方的感受和需求。

我们应该建立怎样的爱情价值观

爱情需要忠诚吗?

恋爱必须很认真吗?

恋爱时可以有“备胎”吗?

……

你是如何看待爱情的?你对于爱情的价值观来源于哪里呢?

它可能来源于你的亲身经历,可能来源于你阅读过的书籍,也有可能来源于你看过的影视作品。这其中,有些关于爱情的信息可能是有偏差的。比如,影视作品中经常会有这样的桥段。

桥段一：“霸道总裁和玛丽苏”的故事

霸道总裁通常又能赚钱又会照顾人，能帮助女生解决各种工作、生活上的困难，能随时给女生做饭，在女生生病时可以无微不至地照顾女生。

桥段二：执着就能换得真心

男生向女生表白，被女生拒绝了。但男生并不放弃，一直坚持向女生表白。在相处的过程中，女生终于感觉到了男生的好。最终，两个人走到了一起。

桥段三：暴力冲突下依然有真爱

男生经常对女生使用言语暴力甚至肢体暴力，强迫女生做女生不喜欢的事情。实际上，男生是喜欢女生的。最后，两个人走到了一起。

对于以上的桥段，你看出什么问题了吗？其实，影视作品中所描述的爱情和真实世界中的爱情是有很大偏差的。只是当沉浸在影视作品营造的浪漫氛围中时，我们很难跳出来理智思考。这很正常，因为影视作品的创作在很多时候就是为了满足人们在现实世界无法实现的美好的、浪漫的愿望。

以上三个桥段在现实世界中会发生吗？

首先，在现实生活中，能成为霸道总裁的人，要在事业上投入大量的时间和精力，所以通常很难在恋爱或者家庭中投入更多时间和精力。

其次，如果你不喜欢的人不断向你表白，通常你不会真的爱上对方，只会不堪其扰。

最后，言语暴力和肢体暴力通常只会给人带来伤害和恐惧，而不是爱的感觉。屈服于暴力和施暴之人在一起的人，往往是因为害怕而不是因为真爱。

影视作品很美好，我们可以享受它带给我们的美好感觉，这没有任何问题。然而，千万要注意，影视作品中的信息可能对我们的爱情价值观产生不良影响。面对现实中的爱情，永远要把自己与对方的感受放在第一位。尊重自己的感受，也尊重对方的感受，双方才能更好地相处。

爱情对我们来说意味着什么

我在前面讲过，爱是每个人在成长过程中会自然萌发的美好感受，但在现实生活中，爱的感受会和其他的感受掺杂在一起。

比如，你可能有过这样的想法：如果有人喜欢我，有人向我表白，说明我很好、很有魅力；如果没有人向我表白，我就会觉得自己很失败，觉得自己不够好，不值得别人爱。

这种把价值感和有没有人喜欢自己联系在一起的情况非常常见，尤其在青少年身上非常常见。殊不知，这有很大的弊端，那就是非常容易让我们陷入自卑的情绪中。其实，这并不是一个评价个人价值的好的、客观的方式。

我前面提到，爱是一种感受。对于爱的感受，并不是所有人都会选择表达出来。没有人向你表白，可能仅仅是因为有人把对你的爱慕藏在了心里。同时，在上学期间，我们接触到的人是非常有限的，也许对你心动的人还没有出现。

还有一点非常重要，一个人会不会对你产生爱的感受，与你是否优秀往往没有关系。把有没有人爱自己当作评价自己是否优秀、有没有价值的标准，是不合适的。

同样，对于爱情的选择也是如此。当你选择要不要走入一段基于爱的感受而形成的亲密关系时，务必谨慎，务必好好考虑一下自己的真实感受。

如果你是因为渴望被别人看到你有人爱而走入恋爱关系，你也许并不能获得你想要的东西，反而可能陷入更多麻烦中。

第五章

青春期关于性的感受和合理应对

性的感受指的是什么

到了青春期，我们体内会分泌大量性激素。性激素的分泌除了会带来身体的快速发育、大脑的发育和心理的变化以外，还会给我们带来关于性的感受。

性的感受到底指的是什么呢？

其实，性这个概念是有广义和狭义之分的。广义的性涵盖的内容很多，我在这本书里谈到的所有内容都属于广义的性所包含的内容。而我在这一章里谈到的性，则专门指狭义的性，也就是生理上的性接触和性感受。

比如，当你用手触碰自己的生殖器官或者自慰时，你可能会产生一种愉悦的感受。与此同时，你的心跳会加速、血液循环会加快，你甚至会出汗。有的时候，你看到一些描述性行为的文字或视频时，也可能会产生类似的感受。还有些时候，看到喜欢的人，或者和喜欢的人有身体接触时，你可能也会产生一些相关的感受。这都是性感受。

你体会到了性感受，这很正常，不要因此对自己有任何的指责或者觉得不好意思。另外，由于男、女生殖系统不同，女生一般晚于男生出现性感受。当然，如果已经进入青春期的你还没有出现过任何关于性的感受，也属正常现象。

那么，对于青春期随时可能出现的性感受以及可能出现的关于性的行为，我们应该如何应对呢？

在听我具体讲解之前，你可以先问自己这样一些问题，以此看看自己到底是如何看待性的。

1. 有爱就一定要有性吗？

2. 性是美好的吗？

3. 性行为是我自己的事情吗？

4. 性一定要以爱为基础吗？

5. 有性行为就一定会感染性传播疾病吗？

性梦是怎么回事

小瑞的心事

小瑞这几天情绪一直很低落，这都源于前几天他做的一个梦。那一天晚上，小瑞醒来时还清晰地记得在梦中自己和一位女同学拥抱在一起，甚至有互相亲吻和其他的亲密行为。更让小瑞感到害怕的是，自己在梦中有很好的感受，似乎很喜欢这一切。但在现实生活中，小瑞和这位女同学并没有过任何亲密的接触，也没有对这位女同学产生过爱慕的情感。这让小瑞很自责，他觉得自己思想很肮脏，他不明白这一切为什么会出现在自己的梦里。

其实，小瑞所经历的就是所谓的性梦。

性梦在青春期是很常见的现象。当进入青春期后，我们体内会分泌大量性激素，性激素会给我们带来性感受。白天，我们有繁重的学业，有很多事情要做，所以性感受可能并没有被我们体会到。但是到了夜间，当我们入睡之后，性感受就可能会出现在我们的梦中。

在梦中，性感受的展示往往是不真实的，甚至是荒诞的。小瑞的经历是非常常见的。有一些人的梦中还可能出现一些非常规的性接触方式，甚至是暴力的方式，比如梦到自己侵犯别人。这并不意味着我们真的有这样的遭遇、想法和需求。

如何理解这种现象呢？我们有必要先了解一下梦是怎么出现的。

梦，伴随人的一生。从出生开始，我们就会做各种各样的梦，只是有些梦清晰，有些梦模糊，有些梦我们能记得，有些梦我们醒来的那一刻就全都忘记了。梦是我们的潜意识把我们在日常生活中遇到的或是想象中的场景拼凑在一起的产物。所以，梦里的情境哪怕看起来再清晰，也不是真实情境。

当然，你可能听说过，有些心理学家会通过分析梦境进行心理治疗，这是不是证明梦是有意义的呢？其实，在分析梦境时，心理学家也会遵循一个原则，那就是梦里的情绪是真实的，但梦境本身是假的。

对于性梦来说，也是如此。比如，你梦到了性行为，实际上只是因为你的身体出现了性感受，而这种性感受在梦中得到了释放。并且，性感受在梦中被释放时，所选对象是随机的，是你的潜意识随便选择的一个你平时经常见到的对象，可能是你的某个亲人、朋友，也可能是某个明星。所以，千万不要为此感到自责。

有研究显示，70%的成年人会梦见性行为，另外30%也可能会梦见，只不过他们没记住。而对于处于青春期这个特殊阶段的你来说，也大抵如此。性梦是一个个体在生理与心理层面性成熟的正常表现。心理学家认为，性梦是潜意识中被压抑的性欲望的暴露，是一种心理上的安全宣泄。

所以，千万不要因为梦中的任何场景和行为而感到自责，因为那不是你能够控制的，仅仅是梦而已。当然，如果有些梦让你非常不舒服，甚至让你产生了恐惧的情绪，你可以考虑向自己信赖的人倾诉，或者在父母的帮助下寻求专业心理咨询师的帮助。

如何应对性幻想

在青春期，我们清醒的时候可能会有性幻想。性幻想和性梦最大的不同在于，它是我们主动的一种想象。

其实，从小到大，我们有很多幻想。比如，幻想自己有一辆漂亮的玩具车，幻想爸爸妈妈带我们到又大又漂亮的游乐场玩，幻想同桌对我们有好感，等等。而进入青春期后，我们的幻想又增添了一项内容，那就是对性的幻想。

性幻想的内容千差万别，性幻想的相关对象有可能是任何人。我们要明白，幻想只是幻想，不会变成现实，千万不要在现实层面去实践这些幻想。

当你的性幻想对象在相当长一段时间内是某个特定的你平常能接触到的人，并且你想一步步去实践自己的性幻想时，那你可要小心了，要好好冷静一下。只要你的幻想停留在幻想层面，就不会造成任何问题，一旦你想把它变成现实，就要认真思考一下了。比如，这样的行为是否会对自己或他人造成伤害，这样的行为是否会造成什么不良影响，这样的行为是否违法，等等。

同时，还要注意的一点是，千万不要让自己沉浸在性幻想中，甚至影响自己的生活和学习。如果出现了这种情况，一定要注意。这时，我们要思考这样一些问题，为什么我会沉浸在性幻想中无法自拔？当我沉浸其中并且因此影响了生活中的其他事情时，我有什么样的感受？我是否应该安排一些其他的事情以转移自己的注意力？我是否应该重新规划自己每日的时间？我是否需要他人的帮助？等等。

当然，如果出现这样的情况，并不是性幻想本身出了问题，而是我们对于自己的行为和时间管理出了问题。正如，一个人每天总是看电影、电视，不睡觉，也不干别的事情，肯定也会影响自己的学习和生活。两者是同样的道理。

总而言之，性梦和性幻想都是我们进入青春期后会自然出现的正常的生理现象。不论其内容如何，都不要以此来评价自己，更不要因此否定自己——觉得自己不对、不好。如果过度的性梦和性幻想影响了日常生活和学习，要想办法调整，也可在父母的带领下寻求专业心理咨询师的帮助。

我们应该如何看待自慰

你听说过“自慰”这个词吗？所谓自慰，就是指用手或物品触碰性器官，获得性愉悦乃至达到性高潮的行为。当然，有些人还会用“手淫”这个词来描述这一行为。

自慰是一种随着发育出现的正常行为。进入青春期之后，体内大量分泌的性激素会让我们产生性感受和性欲望。为了满足自己的性欲望或获得更好的性感受，有些青少年会选择自慰。当然，成年人也会有自慰的行为。

不过，自慰是一种个人选择。有人选择自慰的行为，有人不选择自慰的行为，这都是正常的。

有的人在自慰的时候可能会背负一些心理压力。比如，有的青少年可能会觉得自己很特殊："是不是我的同龄人都不自慰，只有我有这样的行为呢？"其实，自慰这一行为在青春期并不罕见，只是人们很少去谈论它，因为这是一种非常私密的行为。

科学研究证实，安全、卫生的自慰行为并不会给我们的身体带来任何不良影响，自慰带来的主要负面影响来自心理压力，而相关心理压力往往是科学知识的缺乏导致的。相信你了解以下几点后，可一定程度摆脱这种心理压力。

不要相信社会上对于自慰的错误信息

你可能在网络或其他媒体上看到过很多关于自慰的可怕的信息。比如：自慰会导致脱发；自慰会掏空你的身体；自慰会让你生病；自慰会影响你未来的生育能力，甚至造成不育；等等。

其实，这些都是错误的信息。安全、卫生的自慰不会对身体造成健康层面的影响，而自慰带来的愉悦感受可能对我们的情绪状态是有益处的。同时，自慰行为还会让人产生放松的感受。

你也可能听说过一些关于自慰的负面信息，比如，“一滴精等于十滴血”，自慰会导致阳痿、早泄甚至不育，等等。面对这样的信息，你是不是也曾有过担心？事实上，这样的说法是经不起推敲的，是不科学的。科学、适当的自慰是不会导致这些问题的。并且，男性的精液会不断产生，如果个体长时间没有自慰行为或者性行为，精液也会以遗精的方式排出体外，正所谓“精满自溢”。

至于什么是科学、适当的自慰，我们接下来具体讨论一下。

安全、卫生的自慰方式

男生自慰时，为了保证安全、卫生，要将手清洗干净，并且要修剪好指甲，以防划伤阴茎。在自慰时，最好采用手指或手掌触摸阴茎的方式，千万不要用力拧、折阴茎。勃起的阴茎硬度很强，大力拧、折阴茎容易造成阴茎“骨折”。虽然阴茎里面没有骨头，但有一层叫白膜的组织。在阴茎充血勃起后，一旦遭受较大的外力，这层组织容易断裂，从而可导致阴茎出现类似骨折的症状。这时，阴茎就会受伤，甚至出血。

另外，要特别注意的是，不要用硬物或容易划伤阴茎的物品摩擦阴茎，也不要将任何物品插入尿道，否则非常容易造成损伤。

同时，尽量选择私密的、不易被打扰的环境自慰，并且要注意环境的清洁。

自慰后要及时擦干净精液，如果弄脏了床单、内裤要及时清洗。并且，自慰后要及时对手和阴茎进行清洁，避免残留精液造成异味或其他不适。

适度自慰

你可能听说过一种说法：适度的自慰对身体健康没有影响，但过度的自慰会有问题。相信你也很困惑，到底什么样的自慰是适度的，怎样就算过度了呢？

其实，对自慰而言，所谓的适度是没有一个明确的标准的，这是因为自慰行为是由性欲引发的，而每个人的性欲水平都是不同的。就像每个人的饭量都不同，能吃两碗饭的人只吃一碗自然吃不饱，但只能吃一碗饭的人非要吃两碗也会撑得难受。

所以，适度自慰就是在身体自然地产生性欲的情况下（身体自然产生，而不是通过看色情影片或抚摸自己的身体调动性欲），在时间、场所又合适的情况下进行自慰（可以选择休息时间，不能白天在学校上课的时候跑到洗手间自慰，哪怕产生了性冲动）。而且，要保证自慰不影响正常的生活、学习。如果自慰影响了睡眠，影响了生活、学习，就需要调整。

与适度自慰相反的是所谓的自慰成瘾，其实这是很罕见的情况。不要轻易给自己贴标签，认为自己出现了成瘾的情况。

自慰成瘾通常指出现了以下三种情况。

1. 明知这种行为已经产生了心理、生理方面的不良后果，当事人依然无法停止、无法自控。

2. 当事人需要不断寻求更强烈的刺激，才能维持原有的兴奋感觉。

3. 如果行为被限制或禁止，当事人就会变得烦躁不安、难以忍受，甚至出现戒断综合征。所谓戒断综合征，指的是一些明显的躯体反应，比如失眠、胸闷、浑身无力等。

如果怀疑自己出现了成瘾的情况，千万不要试图自己处理。面对这样的问题，一定要在父母的帮助下寻求专业人士的帮助，比如专业的心理医生或性咨询师的帮助。而是否真的出现了自慰成瘾，也需要专业人士进行判断，千万不要随便给自己贴标签。

当然，除了自慰成瘾这一问题以外，如果自慰这种行为让你产生了很大的心理压力。比如，你开始自责、担忧，觉得自己有问题。并且，在你了解了科学的知识后这些感受和压力仍然无法改变，那建议你在父母的帮助下求助专业的心理咨询师。

正确认识性行为

性行为的概念有广义和狭义之分。在这节内容中，我们所讨论的性行为专指阴茎插入阴道的性交行为。

性行为是成年人，尤其是处在婚姻关系中的成年人最常见的、自然的亲密行为。而在青春期，有一些青少年也可能会有性行为。进入青春期之后，我们的身体基本发育成熟，性激素的分泌又让我们产生了性欲望。这时有些青少年就想体验性行为带来的感受，于是可能会有性行为。

那么，在青春期发生性行为对我们来说意味着什么呢？我们还是用利弊分析法来分析一下。青春期的性行为可能带来的利弊分别有哪些呢？

利：可能获得愉悦感、亲密感等。

弊：可能后悔、可能意外怀孕、可能感染性传播疾病、可能遭遇家长的批评和外界的负面评价、可能给身体带来伤害等。

也许你还能想到其他利弊，可以补充。在这里，我们要充分考虑年龄的影响。不同年龄阶段的性行为所带来的利弊，差异非常大。

相信你已经发现了，对于青春期的性行为，家长几乎都持反对态度，这是因为在青春期发生性行为可能带来的弊端相对来说更严重，尤其是可能对身体造成严重伤害。比如，意外怀孕、流产和感染性传播疾病都将给我们的身体带来不可逆的伤害。

事实上，在获得性愉悦这件事上，性行为并不是不可替代的。比如，我们自慰时也可以获得性愉悦，并可避免一些相关的风险。当然，有人可能会觉得，自慰带来的性感受和性行为带来的性感受不一样。实际上，研究人员发现，自慰带来的性愉悦一点儿都不差，这是因为我们通常更了解自己的身体，更知道如何让自己获得愉悦感。

从性行为可增加亲密感的角度看，现实的情况是，这在青春期发生的概率相对较小，在女生身上体现得尤其明显。我们会发现，在青春期自愿发生性行为的女生相对较少。更常见的情况是，当男朋友要求发生性行为的时候，女生虽然不愿意，但因为非常在意男朋友的感受和看法，尤其当男朋友表示“你不这样做，就是不爱我”或者“你要是不愿意，咱们就分手吧”时，可能会选择妥协。

在决定是否要发生性行为时，请一定记住一个非常重要的原则，那就是一定要出于自己的真实意愿做决定。如果你为了满足对方的需求而妥协，在性行为结束后很可能会后悔，这无论对于自己的情绪还是对于亲密关系的正常维持来说，都会产生负面影响。

为什么呢？举个例子，如果一个女生不想发生性行为，但是因为考虑到男朋友的需求而妥协了。这种情况下，如果男朋友在发生性行为后不再理睬女生，女生一定会很受伤，觉得自己被欺骗了。即使男朋友并没有上述行为，女生也很可能因为自己的这一次妥协而产生委屈的情绪。反之亦然。

性换不来爱。在亲密关系中，最重要的永远是能够表达自己的真实意愿，并且尊重对方的感受和想法。如果你表示不想和对方发生性行为，对方就要和你分手，那你真的要仔细想想对方是不是你值得交往的对象。要记住：真正喜欢你的人不会强迫你做任何你不喜欢做的事情！同样，你若真的喜欢一个人，也不会强迫对方做其不喜欢做的事情。

所以，在青春期是否要发生性行为这件事情上，请你一定要慎重。如果你在慎重思考后依然选择发生性行为的话，请一定要保证它是安全的。这是性行为的底线。那要怎么做才是安全的呢？

首先，一定要采取避孕措施。首选安全套，它不仅能够避孕，还能够预防性传播疾病。关于安全套的使用，后面我会详细讲解。

其次，要保证发生性行为的场所是安全的。比如，家里永远比破败的小旅馆安全。

最后，在性互动时一定要时刻注意自己和对方的感受，在感觉到不舒服甚至疼痛时，或发现对方有痛苦的表现时，要马上和对方沟通，不要勉强，以免自己或对方的身体受到伤害。

第六章

青春期性安全与自我保护指南

什么是性侵害

性本身是积极、美好的。然而，如果有人用伤害他人的方式满足自己的性需求，或者我们在满足自己的性需求时用错了方法，就有可能给他人或自己造成伤害。我们如何在安全范围内满足自己的性需求，并且在可能出现的性侵害事件中保护自己呢？这是我们在本章要重点关注的内容。

那么，你知道什么是性侵害吗？

性侵害泛指违反他人意愿，对其做出与性有关的行为。在性侵害中，施害者一般出于性目的，未经受害者允许便对受害者实施各种违背受害者意愿的性接触。

相关的专业人士针对儿童性侵害给出的定义是：18岁及18岁以下男性或女性在施害者威逼利诱下，卷入任何违背个人意愿的性活动，或在非知情同意的情况下参与性活动。

我们一般从形式上把性侵害分为两类，一类是接触身体的性侵害，一类是不接触身体的性侵害。

接触身体的性侵害包括：在受害方不愿意的情况下触摸对方的身体；紧紧地搂抱受害方；用身体挤压、摩擦受害方的身体；触摸受害方的生殖器官；施害人迫使受害方触摸施害人的生殖器官；等等。

不接触身体的性侵害包括：施害人在受害方面前裸露自己的生殖器官；偷窥受害方的裸体；偷看受害方洗澡、上厕所；给受害方拍裸照、录裸露视频；施害人迫使、引诱受害方观看色情制品，或者要求受害方陪自己一起看；引诱或强迫另外两个或多个受害人互相亲吻或爱抚，施害人则在一旁观看或录像；等等。

在网络高度发达的今天，又出现了一些特殊的性侵害。比如，在网络环境里，施害人以帮受害人买游戏装备的条件引诱受害人和他们裸聊、拍摄裸照或裸露视频；在网络社交软件上引诱受害人裸露身体；等等。

在识别性侵害尤其是儿童性侵害时，我们长期以来形成的一些错误观念常常影响我们的判断，或者妨碍我们保护自己。

错误观念一：施害人都是陌生的坏叔叔

当提起可能伤害你或性侵你的人时，你脑海里第一时间冒出的施害人是什么样的形象呢？是不是一个一脸坏相的陌生大叔？

其实，针对儿童性侵案件的调查发现，70%左右的施害者都是受害者认识的人。同时，无论是男性还是女性，无论是成年人还是未成年人，无论是年轻人还是老年人，都有可能成为性侵行为的实施者。

错误观念二：男孩不会被性侵

在很多人的印象里，性侵的受害者都是女孩。实际上，真实案例和调查研究都发现，男孩遭受性侵的情况也非常普遍。只是相对于女孩被性侵，男孩被性侵受到的关注更少，被发现的也更少。

并且，在日常性安全教育中，男孩往往容易被忽视，所以在遭遇性侵后，很多男孩并不知道发生了什么，也不懂得如何求助。

错误观念三：被性侵意味着受害者也有一定的问题

在现实生活中，可能存在一些针对性侵事件受害者的污名化现象，比如，作为男孩竟没有能力保护自己。其实，在性侵事件中，只有一方犯了错，那就是性侵的实施者。受害者只是单纯受到了伤害而已，并没有过错。

另外，哪怕你学习过防性侵的知识和技能，也可能遭遇性侵。并且，所有人——包括成年人——在面对外来威胁和伤害时都可能出现所谓的“冰冻反应”，即在遭遇侵害时大脑一片空白，无法做出任何反抗的举动，这是很常见的一种反应。实际上，哪怕你没有出现冰冻反应，依然可能因为各种原因没办法反抗和自救。但无论如何，这都不是你的问题，千万不要因此责备自己！

如何保护自己免受性侵害

我们需要掌握一些技能来应对可能出现的性侵害，这可以帮助我们更好地识别风险并尽快做出反应。

下面，我介绍一些可预防性侵的重要技能。单纯的阅读不一定能帮助你完全掌握相应的技能，你可以和朋友、家长以角色扮演的形式来演练，从而真正掌握这些技能。

防性侵技能一：认识和保护隐私部位

什么是隐私部位？简单来说就是泳衣遮盖的部位。

对于男孩、女孩来说，隐私部位的界定是有差异的。

男孩的隐私部位主要包括阴茎、阴囊和臀部。

女孩的隐私部位主要包括乳房、乳头、外阴和臀部。

隐私部位是我们的绝对隐私，不能让任何人看和碰。当然，以下三种情况例外：医生检查身体（要求家长在场）、家长协助清洁身体、生病时需要照顾。

防性侵技能二：识别和表达身体界限

身体界限和隐私部位的概念不同。身体界限指的是我们身体的边界。当我们和他人有身体接触时，有一些身体接触会让我们感觉到安全和舒服，有一些身体接触则会让我们感觉到不舒服、不安全。那些让我们感觉不舒服、不安全的身体接触，可以说触犯了我们的身体界限。

安全和舒服的身体接触可让我们感觉到温暖、安全等，是我们可接受的。

不舒服和不安全的身体接触会让我们感觉到害怕、不舒服、不安全、有压力等，是我们不可接受的。

身体界限是一个非常个性化的概念，每个人的身体界限都可能是不一样的。比如，有人不喜欢别人碰自己的胳膊，有人不喜欢别人碰自己的脖子，等等。

而一个人在面对不同的人时，身体界限也可能不一样。比如，你可能有过这样的体验，当爸爸妈妈碰你胳膊的时候，你一般不会有不舒服的感觉，但当陌生人碰你胳膊的时候，你会感觉特别不舒服。

身体界限是我们需要在生活中慢慢体会和总结的，同时也可以通过练习来确定。如何练习呢？先拿出一张纸，并在上面画一个人的形象。

我们可以把这个人想象成自己，然后根据自己的情况分别用不同颜色的笔来标记隐私部位和身体界限。

比如，可先用红色的笔标记隐私部位。

然后，针对不同的人，标注不同的身体界限。具体如何操作呢？

我们可以把能接触到的人依据亲疏关系分为以下

几类：

第一类是我们的家人以及亲密的朋友。

第二类是我们的朋友、同学、熟人等。

第三类是我们认识的其他人，比如老师、邻居、同学的父母等。

第四类是陌生人。

当然，这个分类方式可以根据个人的情况灵活调整，主要依据是你和这些人的亲疏程度。

这时，我们可分别用四种不同颜色的笔标注一下这四类人不能触碰的我们的身体部位。也就是说，如果他们触碰了我们这些身体部位时，我们会感觉不舒服、难受、不安全。

当完成这个练习，你就可以区分你针对不同的人的身体界限了。

防性侵技能三：识别危险场景和不舒服的身体接触

我在前面讲过，在防性侵这件事上，我们不能把注意力都放在识别“坏人”上，因为坏人并非都是面露凶相的人，他们看起来甚至可能和蔼可亲。在防性侵这件事上，我们要重点识别危险场景和不舒服的身体接触。

如果与他人出现了不舒服的身体接触，要及时拉远和对方的空间距离，如果可以，要清楚地向对方表达这样的身体接触已让你感觉到了不舒服。如果你这样做后对方依然侵犯你的身体界限，你要马上意识到这是有风险的，要尽快离开甚至求助。当然，如果对方已经侵犯了你的隐私部位，更要马上采取措施。

在以下这些情况下，你更容易遭遇各种风险，要十分注意。

1. 你独自出门，没人知道你去了哪里。不管去哪里，一定要提前告诉家长。否则，一旦你遭遇风险，家长不知道去哪里找你。

2. 独自走僻静的小路，尤其是在晚上。

3. 有自称是“爸爸的朋友”“妈妈的亲戚”等的人要接你走，但你并不认识对方。

4. 一个你认识的爸爸或妈妈的朋友来接你，但爸爸或妈妈之前并没有跟你说过要让别人来接你。无论谁来接你，你一定要和爸爸妈妈确认。

5. 接受陌生人或不太熟悉的人给的食物、玩具、金钱等。

6. 有人要你帮忙带路，尤其是要去相对偏僻的地方时。

7. 有人想方设法要和你单独待在一起，尤其是待在一个封闭空间。

8. 乘坐非正规运营的出租车，也就是我们常说的“黑车”。

9. 在网络上透露自己的真实信息，尤其是隐私部位的照片或视频。

……

这只是一些危险场景的例子，你还可以和朋友、家长一起讨论一下，看看还有哪些场景相对来讲是很危险的。

防性侵技能四：学会说“不”

当我们遭遇危险情境时，如果能大声说“不”并尽快跑开时，试图施害的坏人就有可能退缩。那么，你知道该如何说“不”吗？你可能在生活中很少说“不”，所以这真的需要好好练习一下。

图1

图2

请看一下上面这两张图中的男孩，他们都在说“不”，但是他们给你的感觉是不是很不一样呢？

显然，当我们用不同的身体姿态和语言表示拒绝（说“不”）的时候，效果可能完全不同。图1中的男孩会让对方觉得他很害怕，他的拒绝并不坚定，很难震慑到施害者。而图2中的男孩的身体姿态告诉我们，他的拒绝非常坚定。所以，图2中的男孩的应对方式是我们要学习的。

同时，我们的语气、语调也很重要，大声、坚定的表达比小声、含糊的表达效果要好得多。

所以，请试着大声、坚定、自信地说“不”吧！

防性侵技能五：学会关于身体界限的沟通和礼貌地拒绝

我们先来看看小刚的烦恼：

“我有一个很好的朋友，他特别喜欢在和我说话的时候拍我的大腿。这让我觉得很不舒服，但我又不敢告诉他，怕失去这个好朋友！”

显然，小刚遇到了一个问题，就是被好朋友侵犯了自己的身体界限，但他很难用坚定地说“不”的方式拒绝对方，因为他觉得对方并非出于恶意，而且他害怕强硬的拒绝会让他失去这个好朋友。

其实，这样的情况在生活中非常常见。我在前面讲过，身体界限对于每个人来说都是不同的。在日常的相处中，有些人很有可能因为不了解你的身体界限而造成了你的不舒服。这时虽然对方并没有主观上的恶意，但是如果你不能让对方明白你的身体界限，这样的情况就会反复出现，并且一定会影响你们的关系。

面对这样的情况，我们可以用礼貌、不伤人的方式让对方了解我们的身体界限，并与对方好好沟通以调整彼此互动的方式。

比如，对于小刚的烦恼，他可以这样和朋友沟通："你是我很好的朋友，我很喜欢和你在一起玩。但是有一件事情比较困扰我，就是你常拍我的大腿。别人一碰我的大腿，我就会感觉不舒服。当然，这不是你的错，只是这样会让我感觉不舒服。所以，我想跟你商量一下，咱俩能否换一种互动的方式呢？"

在表达时，我们可以根据自己习惯的方式来调整沟通方式，但有几点必须表达清楚：第一，不让对方感觉到被指责；第二，肯定双方的关系，明确表达自己对这段关系的重视；第三，表达自己的真实感受；第四，与对方商量如何调整互动的方式。

当然，在尝试和对方进行友好沟通时，也要看对方的反应。通常，对方可能很难马上调整自己的行为，你可以多次提醒对方。如果你已经表达了很多次，对方还是不改变，甚至并不把你说的话当回事儿，这时你就应考虑一下，对方是否真的是你值得交往的朋友。毕竟，朋友之间能够互相理解和尊重是非常重要的。

若遭遇性侵，如何自救与求助

在施害者实施侵害行为时，往往会威胁被害者不要告诉其他人，有的时候会采用恐吓的方式，有的时候会欺骗受害者。比如："这是我们之间的秘密，你不能告诉别人。你如果告诉别人，我就会伤害你。""别人知道你被性侵了，就会对你指指点点！"等等。

无论如何，请记住，施害者说这些话只有一个目的，就是为了保证自己的侵害行为不被他人发现。面对施害者这样的伎俩时，最好的回击方式就是，无论对方怎么威胁你、欺骗你，都不要害怕，都不要相信。要记住，无论何时，无论遇到什么样的情况，你都可以找到值得信赖的、可以求助的人。

你现在仔细想想，如果不幸遭遇了这类事件，谁是可以信赖的、可以求助的人。这样的人一定是能理解你、支持你，和你坚定地站在一起的人。并且，这样的人是有能力应对这类事件的。所以，我们最好找成年人求助。

你可以选择自己的爸爸妈妈，或者你非常信赖的老师求助。如果你想来想去都没有找到合适的求助对象，也不要放弃，可以选择向一些社会机构和专业人士求助。比如，你可以向为未成年人提供救助和帮扶的公益机构、法律机构求助。

当然，最有效的可保护自己的武器是法律武器。请注意，施害者即使是你的亲戚甚至家人，也会受到法律制裁。所以，受到侵害时，务必第一时间选择报警。

最后要强调的是，遭遇性侵时，在可能的情况下要尽量保留证据。这更有利于从法律角度对施害者进行惩处。在证据保留方面，应注意以下几点：越早报警越好，在报警前尽量不洗澡、少上厕所、不打扫现场，微信等社交软件的聊天记录也可以成为证据。

不要在无意中成为性侵事件的施害者

除了应注意在可能出现的性侵事件中保护好自己之外，在与他人的日常交往中，我们也要避免自己成为性侵事件的施害者。为什么这么说呢？因为有时我们没有意识到自己的行为会给对方造成怎样的影响，会让我们无意中成为施害者。

小夏的秘密

小夏最近在心里藏了一个让自己惴惴不安的小秘密，他几次想向老师说起，但都没说出口。原来，小夏班里的几个男生这个学期以来经常对别的男生搞这样的恶作剧：突然一起跑向一个男生，然后拉下对方的裤子，看看对方发育了没有，并会拿对方的阴茎开玩笑。他们认为这是个很好玩的游戏。小夏的一个朋友是这个“游戏”的发起人之一，他经常拉小夏一起玩。

小夏一开始觉得很有趣，但慢慢地觉得这有点儿奇怪，甚至觉得自己不应该这样做，但他一直没敢提出来。这样的“游戏”往往发生在偏僻的角落或厕所，所以一直没有被老师发现。

其实，小夏和朋友做的事情也算性侵，因为他们侵犯了其他男生的隐私。日常生活中，很多人会从游戏的角度看待这样的事，因此忽略了它的伤害性。但是我们一定要注意，只要是违背他人意愿的身体接触或让他人裸露身体的行为，就可能构成性侵。这种事是千万不能做的，否则会给对方造成伤害。

我们再来看看小鱼的苦恼。

小鱼的苦恼

小鱼班里的同学最近都在手机上玩一个“P图软件”，大家常把班里同学的头像拼接在不同的身体上。

有一次，一个同学把小鱼的头像拼接在了一张裸体图片上。之后，这张图片便在班里的同学之间疯狂传播。

这让小鱼觉得很不舒服，甚至觉得很屈辱。他好几次表示反抗，却被同学认为没有幽默感、玩不起。

小鱼遭遇的事件也属于性侵事件。通过手机或电脑软件给他人合成裸照以及传播这样的照片都是性侵行为，应该严厉杜绝。

下面，我们再看看小芳的遭遇。

小芳的遭遇

17岁的小芳背着父母和班里的一个男生谈起了恋爱。

一个周末，小芳和男朋友一起去郊区玩。男朋友表示想和小芳有更亲密的接触。小芳意识到所谓的更亲密的接触可能涉及性行为，便想拒绝，但她不知道如何对男友讲，所以就搪塞说自己还要再想想。

当天晚上，小芳和男友都喝了一点儿酒。在小芳晕晕乎乎的时候，男朋友和她发生了性行为。事后，小芳斥责男朋友不该这样做，但男朋友认为小芳并没有明确拒绝。

小芳的遭遇涉及一个在性行为中非常重要的概念，那就是“知情同意”。我在前面关于性行为的部分讲过，是否要进行性行为，一定要根据自己的意愿做决定，并要充分考虑利弊后再做决定。

所谓知情同意，就是当事人明确表达自己是愿意的，而任何含糊的、不明确的表达都不能被认定为当事人愿意。当事双方任何一方没有明确表达愿意，却发生了性行为，就可能涉及性侵。

关于知情同意，以下几个要点是我们要特别注意的。

1. 当事一方可能明确表示过同意，但后来又反悔了，这时要尊重当事人的意愿。永远要以当事人最近一次的表达为准。

2. 如果当事人失去了意识，比如睡着了、喝醉了等，不能与其发生性行为。即使当事人在睡着、醉酒之前表示过同意，也不表明其当下同意。失去意识的人是没有办法进行表达的，唯一能做的就是保证其安全。

3. 即使曾经和对方发生过性行为，也并不代表当下对方依然愿意这么做。

这也提示我们，一旦遭遇类似事件，我们如果想拒绝，清楚地拒绝是很重要的，这可以避免非自愿性行为的发生。同时，我们如果想要与任何人发生性行为，一定要取得对方的同意，不能违背对方的意愿。另外，在我国，与不满14周岁的幼女发生性关系，无论对方是否同意，都涉嫌违法。

避孕是怎么回事儿

进入青春期，女孩月经初潮后，男生开始遗精后，就具备了生育能力。但是这时青少年生理发育还没有结束，并且还不具备各方面能力来抚养后代，所以怀孕对青少年的身体和心理都将产生很大的负面影响。因此，青少年一定要注意，尽量不要发生性行为，甚至要杜绝发生性行为，尤其要杜绝不安全性行为。但是，这并不影响已经具备生育能力的青少年要适当了解一些避孕知识。况且，已经具备生育能力的青少年在某些特殊的情况下也可能面临怀孕的风险。

那么，什么是避孕呢？一般来讲，避孕是指性生活过程中避免女性受孕的措施和行为。

说起避孕方法，并不是所有的避孕方法效果都很好。有些避孕方法是非常不靠谱的，失败率很高，比如安全期避孕法、体外射精法等。

安全期避孕法是通过推测女性排卵日期，从而在排卵日期不发生性行为来达到避孕的目的。推测排卵日期的主要方法是测算时间或观察身体症状。理论上讲，这种方法只适合月经周期特别规律的女性。排卵通常发生在月经前的14天左右。排卵前后4～5天为易孕期，其余时间为安全期。

观察身体的症状是通过定期测量体温或观察宫颈黏液来确定、推测排卵日期。

以上两种方法都很容易失败。女性排卵易受外界环境、心理、情绪、健康状况等因素影响，很可能出现推迟或提前，并且还有可能发生额外排卵。这些现象在青春期女生身上更为常见，因为青春期女生卵巢功能还不健全，更容易出现异常排卵。另外，精子和卵子在女性生殖道的存活时间也存在较大差异。因此，安全期避孕法并不可靠。

体外射精是一种更不靠谱的避孕方式。体外射精避孕法是指在性行为过程中，男性在即将射精时迅速将阴茎抽离阴道，以防把精液射在女性体内导致怀孕。

此种方法不靠谱的原因是男性的精液并不一定是在性高潮时才射出。而且，男性有时也无法准确地判断射精时机。另外，男性在射精前通常会分泌前列腺液。前列腺液中一般含有少量精子，一旦进入女性体内，也可能导致女性怀孕。

常用的失败率较低的避孕措施包括使用安全套、口服避孕药、使用宫内节育器、结扎等。但这些避孕措施很多都不适合青少年。

结扎指的是将男性的输精管或女性的输卵管扎住以达到绝育的目的。结扎一般适用于已经没有生育意愿的成年人。结扎后虽然可以进行复通手术，但复通失败的概率比较大。

使用宫内节育器避孕是指在女性子宫内放置节育环以达到避孕的目的，并不适合未成年人。

使用口服避孕药避孕需要长期、持续服用，也不适合青少年。

日常生活中，最常使用的避孕方法是使用安全套。安全套分男用安全套和女用安全套。女用安全套佩戴相对复杂，避孕失败率高且不安全，所以一般不推荐使用。我们日常生活中常说的安全套一般指男用安全套。

安全套长什么样子？可以请家长拿一个安全套给你看看，以方便你观察。安全套的实际长度一般在19厘米左右，远端有一个约2厘米长的贮精囊——是贮存精液的地方，近端开口处（套口）有一个略有弹性的橡皮圈——具有将安全套固定在阴茎上的作用。

在使用安全套时，有非常重要的注意事项。一旦错误使用安全套，会导致很高的避孕失败率。使用安全套必须注意以下几点：

1. 一旦发生性行为，必须使用全新的安全套。在使用安全套前，要认真阅读包装内的使用说明和注意事项。正确使用安全套，才能提高避孕成功率。

2. 撕安全套的包装时要小心，要沿边缘撕，不要用牙咬或者用剪刀剪，否则容易弄破安全套。尖锐的指甲也有可能划破安全套。

3. 性行为过程中，如果安全套滑落，要立即更换新的安全套。

4. 性行为结束后，要检查安全套是否有破损。如果发现安全套有破损，应采取紧急避孕措施。

另外，日常生活中，有成年人在发生避孕意外的情况下可能会口服紧急避孕药。需注意的是，紧急避孕药不能用来常规避孕，因为紧急避孕药的有效率比常规避孕方式低。并且，紧急避孕药激素含量很高，如果频繁使用可能会对身体造成比较严重的伤害。

最后，即使是我们提到的靠谱的避孕方式，其避孕有效率也不是100%。安全套在正确使用的情况下，避孕有效率可达98%左右；如果错误使用，有效率则会降低。

可见，如果想保证绝对安全，唯一的选择是尽量不发生性行为。对于青少年来讲，更是如此！而且，过早发生性行为可能会给身体带来不可逆的伤害，尤其是女孩。

意外怀孕与流产

遭遇意外怀孕怎么办

作为男生，你可能并不十分关心这个问题。然而，如果你导致女生意外怀孕，你是要承担责任的。你需要了解一些知识帮助对方，并且要承担起自己应该承担的责任，而不是将一切推给女生。

下面，我们就来具体了解一下在意外怀孕后，女生到底会经历什么，又应该如何应对。

在生活中，我们发现，很多青春期女生在意外怀孕之后，通常不敢告诉家长，直到实在掩饰不住了，才敢向家人求助。甚至有一些女生意外怀孕后，由于怕别人知道，就想方设法自己流产，直至出现流产不全甚至大出血才向家人求助。

更让人担忧的是，有一些女生在遭遇这种情况后，由于缺钱、担心家人知道等原因，会选择一些小诊所甚至“黑诊所”做流产手术，结果给自己的身体造成更大的伤害，轻则导致感染，重则危及生命。

女生在遭遇这样的问题时不想让家长知道的心情可以理解，但请你一定记住，任何时候、任何事情都没有你的生命安全重要。家长也许会因为你意外怀孕这件事大发雷霆，但他们平静下来后一定会帮助你。

下面，我会介绍一些关于意外怀孕和科学流产的知识。这些知识可以帮助你在面对此类问题时做出更明智的、对自己的健康更负责任的选择。

如何确定女生已经怀孕

在发生了无保护的性行为或避孕失败后，要考虑是否有意外怀孕的可能。如果平时月经比较规律，那么突然推迟一周以上时，要高度怀疑是否有怀孕的可能。可以去正规药店购买早孕试纸并严格根据使用说明进行检测。使用晨尿（也就是每天早上第一次排尿排出的尿液）进行检测，结果更准确。

当然，用试纸检测有假阴性或假阳性的可能性，所以最好重复测几次。如果用试纸检测确认怀孕了，还要到医院进行抽血化验以最终确认。

怀孕后的选择

通常，在意外怀孕后，首先要考虑的是是否要将孩子生下来。

对于未成年人来说，很少有人选择生下孩子。未成年人不具备独立生活能力，抚养孩子更加困难。更何况，未成年人生产可能给自己带来生理、心理层面的诸多不良影响。

如果最后决定不生下孩子，接下来是在家长的陪伴下前往医院进行人工流产。

流产

不要因为怕人知道，或是贪图省钱、方便，就到一些小诊所甚至“黑诊所”去做人流手术。人流手术虽然是小手术，可稍有差错就会出现大问题，引发各种并发症和后遗症。所以，一定要在家长的陪伴下选择正规医院进行流产。3分钟无痛人流的广告纯属无稽之谈，不要相信。

要尽早进行人工流产。如果怀孕三个月以上再进行人工流产，手术将更复杂，对身体的伤害也更大。

当然，人工流产手术也不是越早进行越好。一般认为，人流手术的最佳时间是在怀孕后35～50天。过早做人流手术可能因无法精准找到刚刚发育的胚胎，而造成手术失败。人工流产具体应该在何时进行，是选择药物流产还是选择手术流产，要根据医生的诊断决定。可以肯定的是，发现怀孕后尽早就诊，是最明智的选择。

如果选择药物流产，一定要在医院进行，不可以自行购买药物进行药物流产。因为在你服药后，医生要观察你的反应，并且要检查流出胚胎的完整性。一旦发现流出胚胎不完整，要马上进行刮宫手术。否则，容易出现大出血，危及生命。

人工流产后要精心调养身体。无论是手术流产，还是药物流产，都会对子宫内膜造成一定程度的损伤。流产后，所有生殖器官需要大约6周的时间才能恢复到之前的状态。并且，流产对身体有消耗，流产后需要好好休养，避免剧烈运动。如果出现任何不适，马上到医院就诊。

流产后，由于激素的变化，很有可能出现情绪低落的情况，甚至可能产生自责、恐惧、焦虑等情绪，这时要及时和家人、朋友沟通，也可以在家长的帮助下寻求专业心理咨询师的帮助。

如何预防性传播疾病

我在前面提到，在性行为中有可能感染性传播疾病。艾滋病、淋病、梅毒等都属于性传播疾病。那么，我们该如何保护自己，避免感染性传播疾病呢？

什么是性传播疾病

一般来讲，性传播疾病是指通过性行为传播的疾病，主要病变发生在生殖器部位。

性传播疾病可由细菌、病毒、寄生虫等引起。由细菌感染引起的性传播疾病有淋病等。由病毒感染引起的性传播疾病有生殖器疣、生殖器疱疹、乙型肝炎和艾滋病等。由寄生虫引起的性传播疾病有疥疮、滴虫病、阴虱病等。还有一些性传播疾病是由特殊微生物引起的，比如衣原体、支原体、梅毒螺旋体等。

性传播疾病的传播途径有哪些

性传播疾病一般通过不安全性行为、血液、母婴三个渠道传播。有部分性传播疾病可通过公用物品或皮肤接触传播。比如，生殖器疱疹，可能通过间接接触传播。因此，我们外出住宿或使用公共卫生间时要十分注意，避免因不安全接触产生感染。具体来讲，要注意以下几点。

1. 不要使用酒店的毛巾擦拭外生殖器官。

2. 睡在酒店的床上时穿好内裤。

3. 使用公共马桶时，要注意马桶是否潮湿，干燥的马桶通常更安全、卫生。

接下来，我以预防艾滋病为例讲解一下如何避免感染性传播疾病。

关于艾滋病的重要基础知识

艾滋病是由人类免疫缺陷病毒，也就是艾滋病病毒引起的性传播疾病。我们通常用艾滋病病毒的英文简称“HIV”来称呼它。艾滋病病毒对人体的主要影响是破坏人体的免疫系统，使人体抵抗各种疾病的能力下降。从感染艾滋病病毒到真正发病，通常要经历相当长一段时间。

艾滋病病毒感染者和艾滋病病人是两回事。艾滋病病毒感染者指的是体内存在艾滋病病毒但没有表现出艾滋病症状的人。而当机体内的艾滋病病毒已经导致人体出现艾滋病症状，那么这个人才算是艾滋病病人。

人体感染艾滋病病毒后，整个病程有几个分期。在感染初期，也就是急性期，感染者会有一些类似流感的症状，但也不是每个感染者都会出现症状，有的感染者没有任何症状。急性期过去之后，艾滋病病毒感染者会进入很长时间的无症状潜伏期，少则持续4～5年，多则持续10多年。在无症状的潜伏期，艾滋病病毒感染者可能看起来没有任何异常。

艾滋病病毒会破坏人体的免疫系统，而免疫系统的作用是保护人体不受病原体的侵袭。艾滋病病毒感染者一旦发病，一般会出现一系列症状。

如果病原体侵袭艾滋病病人的大脑，就会造成认知功能障碍，会使艾滋病病人的社会功能受到影响，比如不能正常工作、学习、社交，没有办法与人沟通等。艾滋病病毒还会导致病人患肿瘤相关疾病的机会增加，常见的有淋巴瘤、直肠癌、肺癌等。

艾滋病病毒感染者和艾滋病病人不仅在身体上会遭

遇病痛，还得承受巨大的心理压力。

艾滋病病毒的感染还可能对家庭造成很大的影响，如何与家人沟通，未来走入亲密关系时如何与伴侣沟通，是否要生育……都是需要考虑的问题。这一系列压力，再加上可能存在的歧视，有可能引发焦虑、抑郁等问题。

目前，艾滋病没有可以预防的疫苗，也不能彻底治愈。

可见，在日常生活中，我们一定要保护好自己。那么，如何才能避免感染艾滋病病毒呢？

如何避免感染艾滋病病毒

如果想知道如何避免感染艾滋病病毒，我们要先弄清楚艾滋病病毒的传播途径。艾滋病病毒主要通过不安全性行为、血液、母婴传播。

其实，艾滋病病毒的传播并不容易，是通过体液传播的，而且要满足以下4个条件。

1. 有病毒从感染者体内排出。也就是说，要有艾滋病病毒感染者或艾滋病病人排出病毒，病毒不会凭空产生。

2. 病毒必须处于能存活的条件下才能传染给别人。艾滋病病毒虽然能在人体内肆虐，但离开人体后是很脆弱的，一旦离开人体就很难生存。

3. 病毒要经过一定的途径才能传染。我刚才讲了，艾滋病病毒主要通过不安全性行为、血液、母婴传播。

4. 病毒量要足够多才能导致传染。如果病毒量很少是不会造成传染的。比如，一只蚊子叮咬了艾滋病病毒感染者，再去叮咬另外一个健康的人，是不会导致传染的，因为病毒量不够。

所以，在日常接触中，我们一般不用担心感染艾滋病病毒。科学证明，艾滋病病毒不会通过餐具、衣服、被褥、电话、毛巾、浴巾、货币等传播，也不会通过游泳池和公共浴池传播。与艾滋病病毒感染者进行日常接触也不会感染艾滋病病毒。

在了解这些知识之后，我们就知道该怎样预防艾滋病了。

比如，在性传播方面，我们可以保证不发生性行为，或在发生性行为时戴好安全套。

同时，我们要注意，吸食毒品会增加感染艾滋病病毒的风险，一定要拒绝毒品。另外，现在有些新型毒品无色无味，并且常被伪装成食品。所以，对入口的东西，一定要注意：不接受陌生人给的食物、饮料，外出就餐尤其是时间比较晚的时候尽量点有瓶盖密封的饮料，等等。

如何看待色情制品

你听说过色情制品吗？你曾经看过色情制品吗？

所谓色情制品，指的是成年人制作给成年人看的，描绘性行为过程或人体隐私部位的书刊、影片、图片等，其作用是唤起人的性欲。有关人体生理结构、医学知识的科学著作不是色情制品。包括适量色情内容的有社会、历史、艺术价值的文学、艺术作品不被视为色情制品。

进入青春期之后，由于对性知识的好奇，很多青少年会通过各种渠道尤其是网络搜寻和性相关的信息，有可能接触到色情制品。

无论你是意外，还是有意看了色情制品，都不要过于苛责自己。重要的是，你要明白色情制品为什么会存在，它对我们的影响到底有哪些。

关于色情制品，你有必要了解以下一些常识。

第一，如果你想获得科学的性知识，看色情制品并不是一个好的选择，因为色情制品里面呈现了大量的错误信息。如果你想了解正确的性方面的知识，可以阅读专业的书籍或者学习专业的课程。

第二，色情制品是以赚钱为目的的，是某些人专门制作给成年人看的，但也不是所有成年人都会看。

第三，色情制品里面的内容都是演员演出来的，不是真实的。所以，色情制品里面的行为在现实生活中一般是不会发生的。真实的生活中，相爱的两个人之间的性行为是美好的、温柔的、彼此尊重的。

第四，制作和传播色情制品在我国是违法的。

第五，色情制品有可能引发身体焦虑。随着身体的发育，你可能会对自己外生殖器官的形态十分关注。比如，男生可能会担心自己的阴茎不够大，女生可能会怀疑自己的外阴不正常。因为在日常生活中没有可以参照的标准，有些人就会把色情制品中演员的相关部位当成参照和判断的标准。其实，色情制品中的信息并不真实。在真实的世界中，人们的外生殖器官差异不大，千万不要把色情制品中的信息当成判断标准。

对于色情制品，我的建议是，希望大家不要看，更不要传播。如果看了则不要过于自责，更不要学习和模仿色情制品中的内容。

如何在网络环境中保护自己

相信正在看这本书的你，一定从很小的时候就开始接触网络了，并且能够熟练地使用网络。网络给我们的生活和学习带来很多便利。比如，你可以在网络上查阅来自世界各地的信息，了解最新的资讯，解决自己的困惑，和亲人、朋友实时沟通，等等。

然而，网络在给我们带来便利的同时，的确也带来一些风险。那么，网络会给青少年带来哪些风险，青少年又该如何预防来自网络的伤害呢？

在这里，我想介绍几种与青少年关联较大的网络风险。

一、以盈利为目的的虚假广告。比如，私处整形相关手术和药物之类的广告，自慰戒断训练营之类的广告，3分钟无痛人流之类的广告，青少年可以使用的性用具之类的广告，等等。这些广告的目的是通过错误的信息误导青少年花钱购买“服务”“药物”或“工具”。

二、有些心怀不轨的人会诱导青少年在网络上进行网络性爱，或是在线上平台（比如直播软件）用金钱引诱青少年拍摄裸照或裸露视频。这些人往往会告诉青少年：“你又没有露脸，不会有人知道。你什么也不用干就能拿钱，有什么不好呢？”

三、有些人会通过网络交友、网恋等形式获取青少年的个人信息，并且诱骗青少年线下见面，以骗取钱财甚至进行性侵。

四、网络软色情。比如，有些人通过极具诱惑力的图片吸引青少年下载或购买各种网络服务或产品。

那么，面对这些随时可能出现的网络风险，我们应该如何保持警惕、如何应对呢?

对于第一种风险，这明显是无良商家通过我们可能因此产生的焦虑来贩卖“产品”。我们只要具备科学的性知识，就不会被无良商家这种贩卖焦虑的伎俩所欺骗。如果这些虚假广告涉及你不了解的知识，请一定通过科学的渠道来求解，比如可以询问家长或者老师。

在这里，针对几种常见的虚假广告，我进行一些澄清。

私处整形相关手术和药物之类的广告

这类广告往往会告诉男生：阴茎弯曲是有问题的，需要治疗；阴茎看上去太小可以通过药物或手术增大，等等。

事实上，大多数男性的阴茎都有生理弯曲，尤其在勃起之后，这是一个正常的现象。如果真的存在问题，比如阴茎弯曲超过30度，则要到专业的医院求助，而不是相信小广告。

对于阴茎的大小，我前面也讲过，勃起后的阴茎个体差异并不大，阴茎的大小和生育能力及性能力也没有正相关关系。最重要的是，使用药物和手术不仅很难达到增大阴茎的效果，反而很可能对身体造成创伤。

自慰戒断训练营之类的广告

这类广告会宣扬这样的信息：自慰是不道德的，会给身体造成巨大的损伤，会掏空人的身体，会让生活变得一团糟。

事实上，适度地用安全的方式自慰并不会对身体造成影响，反倒是这些所谓的训练营广告营造的关于自慰的负面信息会让人产生巨大的心理压力。

3分钟无痛人流之类的广告

这些广告会告诉你，他们的人流手术完全无痛，3分钟就能搞定，并且流产后马上能够上学、上班。

事实上，人工流产是专业的手术，需要谨慎的术前准备和细致的手术流程，3分钟是绝对完成不了的。人流手术可以进行麻醉，手术对象被麻醉之后是无痛的，但是麻醉药药效过后会有些不适。流产完之后，病人需要休息。身体恢复需要时间，流产后马上上学、上班是不现实的，也是对健康不负责任的。

青少年可以使用的性用具之类的广告

这些广告会告诉你：他们的“玩具”很酷，可以给你前所未有的体验；你可以自己使用，也可以当礼物送给同学；这些“玩具”价格便宜；等等。

事实上，性用具是给成年人使用的，不是针对青少年设计的，所以并不适合青少年使用。有研究显示，在刚开始体验性感受的过程中使用性用具，对于性感受的探索和未来在亲密关系中的性行为是不利的。

同时，很多性用具存在严重的质量问题，容易造成感染。把性用具当作礼物送给别人，也是不可取的，因为并不是所有人都喜欢性用具，有些人收到性用具可能会觉得很不舒服。

我们再来看第二种风险——网络性爱，也就是关于“文爱”“嗑炮”和拍裸照的风险。

“文爱”和“嗑炮”都是网络性爱的方式，指的是人们通过互联网，使用文字、语音、图片和视频等方式进行关于性的引诱，带来性的感受和幻想，并且通过自慰来获得性满足的方式。“文爱”更多指的是用文字的形式，“嗑炮”更多指的是用语音的形式。

有些青少年出于自己的性欲望和性好奇，会和其他人进行网络性爱，要注意这其中可能存在很大的风险。

在网络上，我们经常看到一些被泄露的聊天记录和视频截图。网络上的信息无法被彻底清除。有些信息，即使你删除了，也有可能被其他人传播，而且有的信息可能成为别人威胁、勒索你的工具。你可能觉得自己没有露脸就没问题，但是在网络上通过一些技术获取一个人的信息并不是一件很难的事情。网络上的信息是不可能完全保密的，这个风险一定要明确。

而关于拍裸照，有些青少年希望通过这样的方式获得金钱收益，这是不可取的。通过性来赚钱很有可能会让自己处于被欺压的状态，并且可能给自己带来负面的、不舒服的感受和身心健康隐患。同时，这也有隐私泄露和被威胁的风险。

所以，在使用网络时，一定要保护自己的隐私，不要轻易泄露自己的真实身份信息，如姓名、学校、住址等，更应尽量避免曝光自己的隐私部位。另外，使用网络时一定不要触犯法律。公开传播他人的隐私信息或者利用他人的隐私信息胁迫、敲诈、勒索对方，不仅不道德，而且涉嫌违法。如果我们因此遭遇威胁，一定要向父母求助。

对于网络性侵，重要的是我们要时刻警惕这种风险的存在。在网络上交友时要十分小心，尤其在对方要求线下见面时，要充分考虑可能存在的风险。

最后是软色情信息。软色情信息在我们的生活中比色情信息更加常见，重要的是我们要去了解这些软色情信息背后的含义。

比如，在游戏中看到穿着暴露的角色时，我们可以思考一下为什么游戏中会设置这样的角色。这是因为有些游戏设计方觉得这样的角色会吸引更多玩家的关注，从而可提高游戏的下载量，以带来更多经济收益。

尾 声

到这里，这本书就结束了。希望前面我讲的所有内容可帮助你更了解自己，更了解青春期。

青春期既美好也艰难。

相信拥有了这本书中的知识的你，能有足够的智慧应对任何困难。当然，如果还有无法解决的困惑和问题，请一定要向家长、老师求助。

最后，祝每一个进入青春期的孩子都能绽放属于自己的最美的光彩，给自己的人生留下一段美好的回忆。

加油，你是最棒的！

白璐

2022年5月